PARAMAHANSA YOGANANDA
(1893 – 1952)

MÉDITATIONS MÉTAPHYSIQUES

PRIÈRES, AFFIRMATIONS ET VISUALISATIONS UNIVERSELLES

DE

PARAMAHANSA YOGANANDA

Titre original anglais publié par la
Self-Realization Fellowship, Los Angeles (Californie) :
METAPHYSICAL MEDITATIONS

ISBN-13: 978-0-87612-041-5
ISBN-10: 0-87612-041-9

Traduit en français par la Self-Realization Fellowship
Copyright © 2013 Self-Realization Fellowship

Tous droits réservés. À l'exception de brèves citations dans des revues littéraires, aucun passage de *Méditations métaphysiques (Metaphysical Meditations)* ne peut être reproduit, archivé, transmis ou affiché sous quelque forme ni par quelque procédé que ce soit (électronique, mécanique ou autre) connu ou à venir (y compris la photocopie, l'enregistrement et tout système d'archivage et de consultation de l'information) sans l'autorisation écrite préalable de la Self-Realization Fellowship, 3880 San Rafael Avenue, Los Angeles, CA 90065-3219, U.S.A.

 Édition autorisée par le Conseil des Publications internationales de la Self-Realization Fellowship

Le nom « Self-Realization Fellowship » et l'emblème ci-dessus apparaissent sur tous les livres, enregistrements et autres publications de la SRF, garantissant aux lecteurs qu'une œuvre provient bien de l'organisation à but non lucratif établie par Paramahansa Yogananda et rend fidèlement ses enseignements.

Première édition en français de la Self-Realization Fellowship, 2013
First edition in French from Self-Realization Fellowship, 2013
Impression 2013

ISBN-13: 978-0-87612-269-3
ISBN-10: 0-87612-269-1

1351-J2820

QUELQUES MOTS SUR CE LIVRE

Durant ses premières années en Amérique, marquées par de grandes tournées de conférences, Paramahansa Yogananda enseignait souvent à son auditoire, à l'occasion de ses discours et cours publiques, la manière de pratiquer une affirmation ou une visualisation et l'art d'invoquer Dieu par la prière. Ces méthodes métaphysiques reflétant les multiples possibilités de s'adresser à l'Esprit et de percevoir son langage infini connurent un large succès. Sri Yogananda les perpétua dans les temples de la Self-Realization Fellowship[1] qu'il fonda successivement par la suite. Après 1925, lorsqu'il eut établi le siège international de son organisation à Los Angeles, il commença à publier le magazine *East-West* (qu'il renomma *Self-Realization* en 1948) et un grand nombre de ces méditations y parurent. En 1932, la Self-Realization Fellowship en réunit presque 200 dans un recueil intitulé *Metaphysical Meditations*. Cet ouvrage n'a cessé d'être réédité depuis, avec des éditions élargies en 1952 et en 1964. Source inépuisable d'espoir et d'inspiration, il est apprécié par un public grandissant, de toutes les croyances et de tous les horizons.

Self-Realization Fellowship

---

[1] Littéralement: «Association de la réalisation du Soi.» Paramahansa Yogananda expliqua que le nom *Self-Realization Fellowship* signifiait: «Communion avec Dieu à travers la réalisation du Soi et amitié avec tous ceux qui cherchent la Vérité.»

PRIÈRE POUR UN MONDE UNI
de Paramahansa Yogananda

Puissent les chefs de tous les pays de toutes races être amenés à comprendre l'unité essentielle, tant physique que spirituelle, des hommes de toutes les nations : unité physique, parce que nous sommes tous les descendants de parents communs, symbolisés par Adam et Ève ; et spirituelle, parce que nous sommes les enfants immortels d'un même Père, tous unis par les liens immuables de la fraternité.

Prions du fond du cœur pour l'avènement d'une grande ligue des âmes et pour un monde uni. Bien que les préjugés de race, de couleur et de croyances morales, politiques et sociales semblent nous séparer, nous sommes tous les enfants d'un Dieu unique. Nous sommes capables, en notre âme, de ressentir la fraternité et l'unité du monde. Mettons-nous à l'œuvre pour créer un monde uni dans lequel chaque nation, divinement guidée à travers des consciences éclairées, pourra jouer un rôle utile.

Nous pouvons tous apprendre à éliminer de notre cœur la haine et l'égoïsme. Prions pour que l'harmonie règne entre les nations, afin que celles-ci franchissent, main dans la main, le seuil menant vers une nouvelle civilisation faite d'équité.

AVANT-PROPOS

La méditation est la science qui permet de réaliser le divin en soi-même. C'est la science la plus pratique au monde. La plupart des gens se mettraient à méditer s'ils en comprenaient la valeur et s'ils faisaient l'expérience de ses effets salutaires. L'objet final de la méditation est de parvenir à la connaissance consciente de Dieu et de l'unité éternelle de l'âme avec Lui. Quel objectif pourrait être plus utile et mieux choisi que celui qui consiste à rétablir la liaison entre nos facultés humaines limitées et l'omniprésence, l'omnipotence du Créateur? La réalisation, ou connaissance effective, de Dieu accorde à celui qui médite une somme de bienfaits, comme d'être béni par la paix, l'amour, la joie, la puissance et la sagesse de l'Éternel.

La méditation utilise la concentration sous sa forme la plus élevée. La concentration consiste à libérer l'attention de toute distraction pour la fixer sur une pensée de choix. La méditation est une forme de concentration particulière dans laquelle l'attention est libérée de toute agitation mentale, puis focalisée sur Dieu. La méditation consiste donc à se servir de la concentration pour connaître Dieu[1].

En réponse à l'amour de fidèles exaltés, Dieu Se manifeste Lui-même sous des formes cosmiques variées. Il Se manifeste Lui-même dans la vérité et dans les qualités

---

[1] Les *Leçons de la Self-Realization Fellowship* donnent des instructions complètes sur la théorie et la pratique des méthodes scientifiques de méditation enseignées par Paramahansa Yogananda. (Pour plus de renseignements, voir page 132).

Méditations métaphysiques

suprêmes que nous appelons divines, dans le pouvoir créateur et la beauté de la nature, dans la vie des grands saints et des *avatars* (incarnations divines) ainsi que dans l'âme de chaque être humain. Aussi la méditation sur l'une de ces notions apporte-t-elle une connaissance profonde et effective de l'Absolu omniprésent, de Celui qui est la félicité même, toujours consciente, éternelle et pourtant toujours nouvelle. En outre, comme la méditation donne une perception directe de Dieu, elle élève la pratique de la religion au-dessus de toutes les différences dogmatiques.

Ce recueil présente trois types de méditation : des prières ou des demandes affectueuses adressées à Dieu, des affirmations portant sur Dieu ou sur la vérité et des conseils spirituels ou des inspirations pour guider la conscience personnelle. Choisissez une méditation correspondant à votre besoin du moment. Pour vous aider à concentrer votre esprit sur cette pensée spirituelle, suivez les instructions suivantes qui faciliteront votre méditation : asseyez-vous sur une chaise droite ou en position de tailleur sur une surface plane. Redressez votre colonne vertébrale en veillant à ce que votre menton soit parallèle au sol. Les yeux fermés, concentrez votre attention, sans causer de tension, sur le point situé entre vos sourcils. Chez l'être humain, c'est le siège de la concentration et de l'œil spirituel de la perception divine, appelé encore le troisième œil. Après avoir fixé votre attention sur ce centre du calme et de la concentration, commencez à pratiquez la méditation que vous avez choisie. Répétez lentement les mots, à voix audible ou mentalement, en vous concentrant intensément jusqu'à vous absorber

Avant-propos

intérieurement dans leur signification. Méditez jusqu'à ce que vous ressentiez que le concept sur lequel vous méditez est devenu partie intégrante de votre conscience.

La première preuve de la présence de Dieu en vous est un sentiment de paix ineffable. Cette paix se transforme progressivement en une joie quasi inconcevable sur le plan humain. Une fois que vous aurez touché la source première de la vie et de la vérité, toute la nature vous répondra. Trouvant Dieu à l'intérieur de vous, vous Le trouverez également autour de vous, dans tous vos semblables et en toutes circonstances.

SI VOUS VOULEZ SA RÉPONSE

de Paramahansa Yogananda

Qu'Il réponde ou non,
Continuez à L'appeler,
À L'appeler sans relâche,
À huis clos, dans la prière permanente.

Qu'Il vienne ou non,
Croyez qu'Il s'approche toujours
Plus près de vous
À chaque demande d'amour de votre cœur.

Qu'Il réponde ou non,
Continuez à Le supplier.
Même s'Il ne donne aucune réponse
Qui réponde à vos attentes,
Sachez bien que, de subtile façon,
Il vous répondra.

Dans la pénombre de vos prières les plus profondes,
Sachez bien qu'Il joue avec vous
À cache-cache.

Et au milieu de la danse de la vie, des maux et de la mort,
Si vous continuez à L'appeler,
Sans être déprimé par Son silence apparent,
Vous recevrez Sa réponse.

DÉVOTION ET ADORATION

POUR COMMENCER UNE MÉDITATION

Fermez la porte de vos paupières sur la danse effrénée des scènes tentantes de toutes sortes. Laissez choir votre esprit dans le puits insondable de votre cœur. Maintenez votre esprit sur votre cœur qui bouillonne de sang vivifiant. Rivez votre attention sur votre cœur qui bat jusqu'à ce que vous en perceviez le rythme. Avec chacun de ses battements, sentez le pouls de la Vie toute-puissante. Imaginez cette même Vie, qui emplit tout, en train de frapper à la porte du cœur de millions d'êtres humains et de milliards d'autres créatures. Dans une humble constance, les battements de votre cœur annoncent la présence d'un Pouvoir infini se tenant sur le seuil de votre conscience. Le doux battement de la Vie régnant partout vous dit en silence : « Ne vous contentez pas d'un petit courant de Ma vie, mais ouvrez grand votre capacité à ressentir. Laissez-moi inonder votre sang, votre corps, votre esprit, vos sentiments et votre âme avec les pulsations de Ma vie universelle. »

Méditations métaphysiques

POUR ÉVEILLER LA LIBERTÉ DE L'ESPRIT

Asseyez-vous et immobilisez-vous, la colonne vertébrale bien droite. Recouvrez, du voile de vos paupières, vos globes oculaires agités. Ne les bougez plus. Détachez ensuite votre esprit de la conscience de votre poids corporel. Détendez les fibres nerveuses attachées aux muscles et aux os pesants de votre corps. Chassez la conscience de porter une lourde carcasse osseuse prise dans l'épaisseur d'une enveloppe de chair. Reposez-vous. Libérez votre esprit de la conscience d'être une bête de somme. Ne pensez plus au fardeau de votre corps, mais ressentez votre âme comme étant affranchie de cette caractéristique matérielle constante qu'est la lourdeur. Mentalement, échappez-vous en un éclair dans l'avion de votre imagination et filez au-dessus, en-dessous, à gauche, à droite, à l'infini ou partout où vous voulez. Évadez-vous en esprit de votre corps et méditez sur ce sentiment de liberté. Dans une immobilité parfaite, laissez-vous emporter vers les hauteurs par une longue rêverie où toute perception physique est abolie ; votre sensation de liberté ne fera qu'augmenter.

PRIÈRE UNIVERSELLE

Que Ton amour brille à jamais sur le sanctuaire de ma dévotion et puissé-je éveiller Ton amour dans tous les cœurs.

Ô Père, reçois la ferveur de mon âme, la dévotion ressentie pendant des incarnations, l'amour éprouvé au cours des âges, tous sentiments qu'au fond de mon cœur j'avais toujours gardés sous clé.

Père divin, dans mon temple de silence, j'ai créé pour Toi un jardin agrémenté des fleurs de ma piété.

L'âme emplie d'aspiration, l'esprit habité de zèle et le cœur en flamme, je dépose aux pieds de Ton omniprésence toutes les fleurs de ma dévotion.

Ô Esprit, dans le temple de la Nature, je T'adore comme étant la beauté et l'intelligence. Dans le temple de l'activité, je Te révère comme étant la puissance et, dans le temple du silence, je T'adore comme étant la paix.

JE T'ATTENDRAI

Au milieu de mon cœur, j'ai réservé pour Toi un trône mystique. Dans l'espoir que Tu viennes, les cierges de ma joie émettent une faible clarté. Ils brûleront plus vivement quand Tu apparaîtras. Que Tu viennes ou que Tu ne viennes pas, je T'attendrai jusqu'à ce que mes larmes fassent fondre le dernier rempart de la matérialité.

Pour Te faire plaisir, mes larmes parfumées d'amour baigneront Tes pieds silencieux. Je veillerai à laisser vide l'autel de mon âme jusqu'à ce que Tu daignes y venir.

Je ne dirai rien ; je ne Te demanderai rien. J'aurai conscience que Tu n'ignores rien des affres que traverse mon cœur en T'attendant.

Tu sais bien que je suis en train de prier. Tu sais fort bien que je n'aime que Toi. Mais que Tu viennes à moi ou que Tu ne viennes pas, je T'attendrai, fut-ce pour l'éternité.

Je vais chasser tout découragement de manière à pouvoir fournir un très grand effort pour ressentir la présence de Dieu, grâce à la méditation, jusqu'à ce qu'Il finisse par apparaître.

MON OFFRANDE POUR TOI

Chaque matin, je T'offre mon corps, mon esprit et toute aptitude que je possède afin que Tu puisses les utiliser, ô Créateur infini, de la façon que Tu choisiras pour T'exprimer à travers moi. Je sais que tout travail est Ton travail et qu'aucune tâche n'est trop difficile ni trop subalterne, pour peu qu'on Te l'offre avec amour dans la joie de Te servir.

Mère divine, dans le langage de mon âme, je Te demande de me rendre conscient de Ta présence. Tu es l'essence de tout. Fais-moi voir que Tu existes dans chaque fibre de mon être, dans chaque parcelle de ma pensée. Éveille mon cœur !

Père bien-aimé, les chants sans paroles que mon désir ardent pour Toi compose s'élèveront au rythme des battements de mon cœur. Je sentirai Ta présence dans tous les cœurs. J'observerai Tes mains à l'œuvre, que ce soit dans la loi de la gravitation ou dans toutes les autres forces de la nature. Dans la danse de toutes les créatures et dans la marche du vivant, j'entendrai Ton pas.

Toi, l'invisible Charmeur des Âmes, Tu es la fontaine qui s'écoule du sein de l'amitié. Tu es le rayonnement de cette chaleur secrète qui fait éclore les sentiments comme des boutons de fleurs pour exprimer la tendresse avec des mots à la fois de poésie et de loyauté.

Comme je rayonne de bonté et de bonne volonté envers les autres, j'ouvre le canal permettant à l'amour de Dieu d'entrer en moi. L'amour de Dieu est l'aimant naturel qui attire la bénédiction sous toutes ses formes.

Dévotion et adoration

Père, entre en mon âme par le portail de la piété de mon cœur à l'appel de mes ardentes prières.

Je ne m'attacherai pas trop aux choses, car cela me ferait oublier Dieu. Nous perdons de nos possessions, non pas en guise de punition mais d'épreuve, pour voir si nous aimons les choses matérielles plus que le Seigneur, qui est Infini.

Je T'obéis dans le temple de la discipline.
Je T'aime dans le temple de la dévotion.
Je T'adore dans le temple de mon amour.
Je touche Tes pieds dans le temple du silence.
Je contemple Tes yeux dans le temple du ravissement.
Je Te ressens dans le temple de l'émotion.
Je lutte pour Toi dans le temple de l'activité.
Je goûte Ta présence dans le temple de la paix.

Je me lèverai à l'aube et commanderai à mon amour endormi de s'éveiller à la lumière de la dévotion véritable que je ressens en moi pour le Dieu de paix.

Père céleste, dans l'église invisible bâtie du granite de ma dévotion, reçois de mon humble cœur les offrandes, chaque jour de neuf, grâce à la prière.

Mère divine, ouvre grand la fleur en bouton de ma dévotion. Libère son parfum afin qu'il s'exhale de mon âme vers toutes les autres âmes, tel un murmure odorant nous parlant éternellement de Toi.

J'AI ENTENDU TA VOIX

Mère divine, j'ai entendu Ta voix susurrer dans le parfum de la rose. J'ai touché à Ta tendresse dans la douceur du lys. Dans le murmure de ma dévotion, c'est Ton amour qui m'a répondu.

Le Christ s'est levé du sépulcre de mon indifférence et je le vois à la lumière de ma piété. Fils de Dieu endormi, je sors de ma prison corporelle pour accéder à l'immense liberté de l'Esprit.

DÉVOTION IMPÉRISSABLE

Ô Grand Amoureux, Tu es la Vie, Tu es le But, Tu es mon Désir. Délivre-moi de l'illusion de maya[1]. Tente-moi plutôt avec Ta présence. Seigneur bien-aimé, emplis mon cœur d'une dévotion impérissable envers Toi seul.

MON PUITS DE SILENCE

Son rire captiva mon cœur. Sa joie envahit mon cœur chagriné alors que, sous le ciel bleu, je me balançais dans un hamac suspendu sous les pins.

Je sentis en moi le mouvement du ciel et Sa présence se déplacer à travers moi. Mon corps devint immobile ; le pouvoir de mon silence se creusa au tréfonds de mon être jusqu'à ce qu'un puits insondable en jaillisse.

Les eaux bouillonnantes de mon puits appelèrent comme dans une clameur tout ce qui était assoiffé alentour à venir s'abreuver de mes

---

[1] Le voile illusoire de la création, cachant sous ses multiples formes la Vérité unique et sans forme.

inspirations. Soudain, le vaste ciel bleu sembla faire la moue et, avançant ses lèvres d'azur, il les plongea dans le puits de mon cœur. Les pins, les nuages qui passaient, les montagnes, la terre et les planètes mirent leurs bouches dans mon puits de félicité. Tous les objets de la création étanchèrent leur soif en moi. Puis, satisfaits, ils plongèrent dans les eaux de mon immortalité. Leurs corps grossiers touchèrent l'étang de transmutation de mon âme et devinrent purifiés, lumineux. Tout comme des grains de sucre qui se dissoudraient dans un récipient d'eau gazeuse, ainsi les petits nuages, les hautes collines, les paysages de toute beauté, les étoiles, les lacs, les mondes, les ruisselets des mentalités rieuses, les longues rivières sinueuses des ambitions de toutes les créatures qui cheminent sur les nombreux sentiers de leurs incarnations : tout cela se fondit dans l'océan de mon silence intérieur, un silence dissolvant tout.

Ô divin Berger de la Perception infinie, viens à la rescousse de mes pensées, agnelets perdus dans les étendues sauvages de mon agitation mentale, et conduis-les dans le silence de Ta bergerie.

Dévotion et adoration

Père céleste, que les braises ardentes de ma dévotion rougeoient toujours davantage en Ta présence.

Dieu bien-aimé, cueille le lotus de ma piété sur le bourbier de l'oubli terrestre pour l'arborer sur Ta poitrine, mémoire à jamais éveillée.

Je me prosterne devant Toi, ô Dieu, dans le temple des cieux, dans le temple de la Nature et dans le temple de l'âme de mes frères humains.

J'ADORE DIEU PARTOUT

Je m'incline devant le Père unique et infini qui Se manifeste différemment dans toutes les églises et les temples sans nombre, tous érigés en Son honneur. J'adore le Dieu unique qui Se trouve sur les multiples autels des différents enseignements et des diverses croyances religieuses.

Aujourd'hui, j'adorerai Dieu dans la profondeur du silence et, amplifiant sans cesse la paix de ma méditation, je patienterai jusqu'à ce que j'entende Sa réponse.

Je mêlerai les murmures intérieurs de ma piété aux prières de tous les saints et je les offrirai continuellement dans le temple du silence comme dans celui de l'activité jusqu'à ce que, en tous lieux, j'entende clairement Ses murmures.

Aujourd'hui sera le meilleur jour de ma vie. Je commencerai cette journée par une nouvelle résolution, celle de déposer pour toujours ma dévotion aux pieds de l'Omniprésence.

EXPANSION DE L'AMOUR

(À méditer longuement pour approfondir son ressenti)

Mon royaume d'amour va s'agrandir. J'ai aimé mon corps plus que tout. Voilà pourquoi je m'identifie à lui et il me limite. Avec l'amour que je donnais au corps de par le passé, je veux aimer tous ceux qui m'aiment. Avec le vaste amour de ceux qui m'aiment, j'aimerai les miens. Avec l'amour que j'ai pour moi et pour les miens, j'aimerai ceux qui me sont étrangers. Je me servirai de tout l'amour que j'ai en moi pour aimer ceux qui ne m'aiment pas, aussi bien que ceux qui m'aiment. Je déverserai mon amour désintéressé sur toutes les âmes. Dans l'océan de mon amour pourront nager les membres de ma famille, mes compatriotes, toutes les nations et tous les êtres. Sur les vagues de mon amour, je verrai danser toute la création et les myriades de minuscules créatures vivantes.

Je m'imprègne du parfum de Ta présence et j'ai hâte d'apporter, avec la brise, l'arôme de Ton message d'amour à tous.

Dans le temple de l'amour de ma mère terrestre, j'adorerai l'amour incarné de la Mère divine.

Tout désir d'amour je purifierai et satisferai dans un amour divin et sacré à Ton égard, ô mon Dieu !

Infini bien-aimé, je Te garderai toujours emprisonné dans les murs solides de mon amour impérissable.

Que Tu répondes ou non à mes prières et mes suppliques, je continuerai à T'aimer.

Méditations métaphysiques

Ô Père, montre-moi comment vivifier mes prières par Ton amour. Puissé-je prendre conscience de Ta proximité derrière la voix de ma prière.

Je sais que là, juste derrière l'écran de mes demandes d'amour, Tu écoutes les mots silencieux de mon âme.

Je verrai que c'est Dieu Lui-même qui m'accorde Son amour divin à travers les cœurs de tous.

Bon ou mauvais, je suis Ton enfant. Pécheur ou saint, je suis à Toi.

Montre-moi comment boire le nectar éternel de joie, puisé à la fontaine de la méditation.

Père divin, apprends-moi à T'adorer intérieurement sur l'autel du silence et extérieurement sur l'autel de l'activité.

Dieu bien-aimé, purifie-moi de mes scories intérieures. Bannis à jamais de ce monde la maladie et la pauvreté. Des rivages des âmes humaines, bannis cette ignorance que l'on a de Toi !

MÉDITATIONS SUR DIEU

MÉDITEZ SUR LA LUMIÈRE DE DIEU

Regardez une source de lumière, puis fermez les yeux. Oubliez l'obscurité qui vous entoure et observez la vive couleur rouge derrière vos paupières fermées. Fixez cette couleur rouge-violette. Méditez sur elle et imaginez qu'elle s'agrandit de plus en plus. Voyez autour de vous le faible éclat d'une mer de lumière violette. Vous êtes une vague de lumière, une onde de paix flottant à la surface de cette mer.

Maintenant, faites attention. Petite vague de lumière, vous êtes ballotée sur un océan de lumière. Votre vie infime est inclue dans la Vie partout présente. À mesure que votre méditation s'approfondit, vous, la petite vague de paix en surface, vous devenez le vaste et profond océan de la paix.

Méditez sur cette pensée : « Je suis une vague de paix ». Sentez que l'immensité se tient sur le seuil de votre conscience. La vague doit sentir que sa vie est soutenue par ce vaste océan sous-jacent.

Méditations métaphysiques

LA PRÉSENCE PROTECTRICE DE DIEU

Apprends-moi à sentir que je suis toujours entouré par l'auréole de Ton omniprésence qui me protège de tout, à la naissance, dans l'affliction, dans la joie, dans l'activité, dans la méditation, dans l'ignorance, dans les épreuves, dans la mort et dans mon émancipation finale.

Apprends-moi à ouvrir le portail de la méditation, qui seule peut me conduire en Ta présence bénie.

Derrière la vague de ma conscience réside l'océan de la conscience cosmique. Sous mon esprit, simple ondulation, se trouve l'océan de Ton immensité pour le soutenir. Je suis protégé par Ton Esprit divin.

La lumière de Ta bonté et de Ton pouvoir protecteur rayonne éternellement à travers moi. Je ne la voyais pas parce que les yeux de ma sagesse étaient fermés. Maintenant que mes yeux ont été ouverts par l'attouchement de Ta paix, je suis traversé par les flots de Ta bonté et de Ta protection sans faille.

JE T'EXALTERAI

Ô Père céleste, j'exalterai Ta gloire et les beautés de Ton paradis en nous. Puissé-je vivre dans le jardin où l'âme est en liesse et la pensée noblesse, en étant à jamais envoûté par l'arôme de Ton amour.

Ô Esprit, fais de mon âme Ton temple, mais surtout fais de mon cœur Ta maison bien-aimée où Tu voudras bien demeurer avec moi en toute aise et dans une compréhension sans fin.

Ne veux-Tu pas desserrer Tes lèvres silencieuses pour murmurer à mon âme des pensées qui la guideront en permanence ?

Seigneur bien-aimé, apprends-moi à sentir que Tu es le seul pouvoir poussant à l'action et que, lorsque je reconnais que c'est toujours Toi l'Auteur de mes actions, toutes les expériences de ma vie prennent de la valeur. Apprends-moi aussi à Te voir comme le seul Ami qui, à travers tous mes amis terrestres, m'aide et m'encourage.

Méditations métaphysiques

Père céleste, à partir d'aujourd'hui, je vais m'efforcer de Te connaître ; je vais faire l'effort de cultiver Ton amitié. Je vais accomplir toutes mes tâches dans l'idée que je Te réalise à travers elles et qu'ainsi je Te fais plaisir.

La vie est une lutte perpétuelle pour obtenir la joie. Puissé-je lutter pour gagner la bataille, à l'endroit même où je me trouve en ce moment.

Quand la peur, la colère ou une souffrance quelconque voudront s'emparer de moi, je les regarderai à la façon d'un spectateur. Je me scinderai de mes expériences. J'essayerai à tout prix de conserver ma paix et mon bonheur.

Père bien-aimé, j'ai conscience que la louange ne me rend pas meilleur, pas plus que le blâme ne me rend pire. Je suis ce que je suis devant ma conscience et devant Toi. Je poursuivrai mon chemin, faisant du bien à tous et cherchant toujours à Te plaire, car ce n'est qu'ainsi que je trouverai mon vrai bonheur.

ÉLOIGNE DE MOI CES TÉNÈBRES

Mère cosmique, éloigne de moi ces ténèbres ! Lorsque je suis assis, les yeux fermés, enveloppé dans les ombres que je m'invente, fais briller devant moi, de tous ses feux, l'aurore resplendissante de l'intuition[1] !

Mère divine, écarte de moi Ton voile étincelant qui déroule ses films cosmiques et montre-moi Ton visage de grâce, dissipateur de toute illusion.

Ô Lumière éclatante ! Éveille mon cœur, éveille mon âme, enflamme mes ténèbres, déchire le voile du silence et emplis mon temple de Ta gloire.

Père céleste, détruis en nous le concept erroné que nous avons cultivé au cours des âges, selon lequel nous serions de frêles êtres humains. Manifeste-Toi comme la lumière cachée derrière notre raison : la puissante clarté de la sagesse.

---

[1] La connaissance émane immédiatement et spontanément de l'âme sans passer par l'intermédiaire faillible de la raison assistée des sens.

APPRENDS-MOI À T'ADORER

Père bien-aimé, fais-moi découvrir le mystère de mon existence ! Apprends-moi à T'adorer dans l'état d'absence de souffle, dans l'état qui transcende la mort. Dans le feu de ma piété, consume mon ignorance ! Père, viens habiter le silence immobile de mon âme, viens ! Prends possession de moi et fais-moi sentir Ton immortelle Présence, en moi et tout autour de moi.

Dans la solitude de mon esprit, j'aspire à entendre Ta voix. Éloigne de moi les rêves aux sonorités terrestres qui hantent encore le fond de ma mémoire. C'est Ta voix paisible que je veux entendre chanter sans fin dans le silence de mon âme.

Mon Seigneur, puisque Tu es omniprésent, Tu ne peux faire autrement que d'être présent en moi. Tu es doté d'omniprésence et d'omniscience ; ce sont là aussi les attributs de mon âme. Puissé-je être capable de manifester ne serait-ce qu'un fragment de ce Toi contenu en moi, en mon Soi.

JE BOIRAI TA JOIE

Je boirai Ta vitalité dans la fontaine dorée des rayons du soleil ; je boirai Ta paix dans la fontaine argentée des nuits baignées de lune ; je boirai Ta vigueur dans la puissante coupe du vent ; et je boirai Ta conscience de joie et de félicité dans toutes les coupelles de mes pensées.

Dans Ta lumière bénie, je resterai éveillé à jamais et, avec des yeux qui ne perdront rien de leur vigilance au fil des siècles et de l'éternité, je contemplerai Ton précieux visage partout présent.

J'ai cherché l'amour de Dieu dans l'aride sécheresse de l'affection humaine. Après avoir longtemps erré dans le désert peu sûr de la bonté humaine, j'ai retrouvé l'oasis intarissable de l'amour divin.

Père, apprends-moi à récupérer mon droit de naissance et à vivre comme un être immortel !

Ô, Ami divin ! Bien que les ténèbres de mon

ignorance soient aussi vieilles que le monde, fais-moi vraiment comprendre qu'avec l'aurore de Ta lumière elles disparaîtront comme si elles n'avaient jamais existé !

Quelle est cette vie qui coule dans mes veines ? Que pourrait-elle être, sinon divine ?

Père céleste, descends à l'intérieur de moi. Fais-moi sentir que Tu es présent dans mon cerveau, dans mon épine dorsale et dans mes pensées les plus profondes. Je me prosterne devant Toi.

Je me suis perdu, Père, dans les terres en friche des fausses croyances. Je ne peux pas retrouver ma maison. Lève-toi au-dessus des ténèbres de mon ciel mental et sois l'étoile polaire de mon esprit qui tâtonne. Conduis-moi vers Toi qui es ma Maison.

Ô Christ, apprends-moi à affranchir mon esprit que j'avais vendu à la matière afin que je puisse Te le donner dans la prière et dans l'extase, dans la méditation et dans la rêverie.

RÉVÈLE-TOI

Viens me révèler, Ô Père, le vaste royaume de Ta présence ! Révèle-Toi à moi ! Apprends à mon cœur à prier, apprends à mon âme à sentir que toutes les portes peuvent s'ouvrir devant moi et que Ta présence peut m'être révélée !

Ô Lumière du cosmos, tous les jours je Te vois peindre le ciel avec de brillantes couleurs. Je Te regarde revêtir d'herbe verte le sol dénudé. Tu es la chaleur des rayons de soleil. Oh, Toi qui es présent partout de façon si évidente, laisse-moi me prosterner devant Toi !

Apprends-moi à contempler Ton visage dans le miroir de mon silence intérieur.

Divin Bien-Aimé, fais-moi savoir, à l'instant même et une fois pour toutes, que Tu m'as toujours appartenu et que tu seras toujours à moi. Mes rêves erronés appartiennent au passé, enterrés dans le sépulcre de l'oubli. Je suis maintenant éveillé, baignant dans la lumière solaire de la vie en Toi.

Méditations métaphysiques

L'abondance de Dieu est un océan qui coule à travers moi. Je suis Son enfant. Je suis un canal que traverse tout le pouvoir créateur de Dieu. Bénis-moi, Père, afin que je Te recherche avant toute chose, comme il sied à Ton véritable enfant.

Dieu bien-aimé, que les fleurs de ma dévotion s'épanouissent dans le jardin de mon cœur tandis que je guette l'aurore de Ta venue.

Cher Père, ouvre toutes les fenêtres de la foi pour que je puisse Te contempler dans Ta demeure de paix. Ouvre toutes grandes les portes du silence afin que je puisse entrer dans Ton temple de félicité.

Dieu bien-aimé, protège le temple céleste de mon esprit contre l'invasion des guerriers obstinés que sont les mauvaises pensées.

Je sais que je suis responsable de mon propre bonheur. Aussi renoncerai-je à toutes les vaines poursuites et à toutes les pensées oisives, afin que, tous les jours, je puisse trouver du temps pour Dieu.

Mon Père céleste, Tu es l'Amour. Étant fait à Ton image, je suis cette sphère cosmique d'Amour dans laquelle je contemple, comme de petites lumières, toutes les planètes, toutes les étoiles, tous les êtres et toute la création. Je suis l'Amour qui illumine tout l'univers.

Ô Fontaine d'amour, fais-moi sentir que Ton amour omniprésent inonde mon cœur !

Je Te veux, ô Dieu, afin de pouvoir Te donner à tous !

Père de tous les Cœurs, éveille au fond de moi la certitude que Tu es là et que Tu m'aimes éternellement.

Père divin, apprends-moi à plonger de plus en plus profondément dans l'océan de la méditation afin d'y trouver les perles immortelles de Ta sagesse et de Ta joie divine.

Sur le trône de mes pensées silencieuses, le Dieu de la paix dirige aujourd'hui mes actions. Par la porte de ma paix, j'introduirai mes frères dans le temple de Dieu.

Que mon être soit une petite vague ou une grande, dans mon dos l'Océan de la Vie qui me soutient reste le même.

Je penserai jusqu'à ce que je trouve la réponse ultime. Je transformerai mon pouvoir de penser en un projecteur dont le faisceau de lumière me révèlera le visage de l'Omniprésence.

Apprends-moi à penser à Toi jusqu'à ce que Tu deviennes mon unique pensée.

Ô Père, quelles que soient mes épreuves, puissé-je les endurer avec joie en sentant que Tu es toujours présent dans mon cœur. Ainsi, dans mon extase joyeuse, toutes les tragédies et comédies de la vie m'apparaîtront-elles comme de simples divertissements.

Père, aide-moi à opérer une translation de conscience afin que je ne sois plus obnubilé par mes limites, suggérées par les autres et par mes propres pensées de faiblesse, mais que je me rende compte que je suis Ton enfant, détenteur des richesses sans nombre de Ton royaume.

Ô Fontaine de flammes, établis Ta lumière en moi, autour de moi, partout.

Un véritable yogi ressent dans tous les cœurs le battement de son propre cœur, dans tous les esprits son esprit et dans tout mouvement sa propre présence. Je serai un véritable yogi.

Ô Père, montre-moi la grand-route qui conduit à Toi ! Fais que mon cœur, pour Te trouver, déborde d'aspirations ! Dans l'écho de la piété, apprends-moi à entendre Ta voix !

Dans le calme de mon âme, je me prosterne humblement devant Ton omniprésence, sachant que Tu me fais avancer toujours plus haut sur le sentier de la connaissance du Soi.

Ô Seigneur ! Ton amour qui coule à travers les cœurs humains est l'attrait qui m'a poussé à trouver en Toi la source de l'amour parfait.

Esprit divin, je Te chercherai jusqu'à ce que je Te trouve. En Te trouvant, je recevrai avec révérence tous les présents qu'il est de Ton désir de me donner. Mais pour toute l'éternité, je ne demande rien d'autre que le don total de Toi-même.

Je viens à Toi avec les mains jointes, le front penché et le cœur tout empli de la myrrhe de ma révérence.

Tu es mes Parents, je suis Ton enfant. Tu es le Maître. J'obéirai aux injonctions silencieuses de Ta voix.

L'EXPANSION DE LA CONSCIENCE

ACCORDEZ-VOUS SUR LE SON COSMIQUE

Écoutez, dans le côté droit, plus sensible, de votre tête, le son cosmique de l'*Aum*, comme un grand bourdonnement d'atomes innombrables. Ce son est la voix de Dieu. Sentez-le s'amplifier dans votre cerveau. Entendez le battement rythmé de ce son qui rugit.

Maintenant, écoutez et sentez-le sourdre dans votre colonne vertébrale, ouvrant d'un seul coup les portes de votre cœur. Sentez-le résonner à travers tous vos tissus, tous vos sentiments, toutes les fibres de vos nerfs. Le moindre de vos globules rouges, la moindre de vos pensées dansent sur l'océan mugissant de cette vibration.

Observez le volume du son cosmique comme il prend de l'ampleur. S'étendant à travers le corps et l'esprit, il inonde la terre et l'atmosphère alentour. Avec lui, vous vous déplacez dans l'éther dépourvu d'air pour atteindre les millions d'univers matériels.

Méditez sur la marche progressive du son cosmique. Après avoir traversé les univers physiques, il atteint les veines subtiles et lumineuses des rayons qui soutiennent toute la matière manifestée.

Le son cosmique se mêle et s'entremêle avec des millions de rayons multicolores. Le son cosmique est entré dans le royaume des rayons cosmiques. Écoutez, regardez et sentez le son cosmique embrasser la lumière éternelle. Maintenant, le son cosmique transperce tous les feux de l'être, traverse tous les feux de l'âtre de l'énergie cosmique et fusionne avec elle dans l'océan de la conscience et de la joie cosmiques. Le corps se fond dans l'univers. L'univers se fond dans la voix silencieuse du son. Le son se fond dans la lumière illuminant tout. Et la lumière pénètre dans le sein de la joie infinie.

LA MER COSMIQUE

Quand vous trouverez que votre âme, votre cœur, chaque étincelle d'inspiration, le plus petit coin de ciel dans l'étendue d'azur ou du firmament nocturne serti d'étoiles brillantes, que les montagnes, la terre, les engoulevents et les jacinthes des bois sont tous reliés les uns aux autres par un même lien

L'expansion de la conscience

de rythme, un lien de joie, un lien d'unité, un lien d'Esprit, alors vous saurez que tous ne sont que des vagues de Sa mer cosmique.

JE VAIS EN MOI

J'étais un prisonnier portant une lourde charge d'os et de chair. Mais, par le pouvoir de la relaxation, j'ai brisé mes chaînes, celles de mon corps ancré par les muscles. J'en suis maintenant libéré. Je vais donc essayer d'aller en moi.

Paysages enchanteurs, cessez de danser devant mes yeux ! Ne distrayez pas adroitement mon attention !

Mélodies enchanteresses, ne captivez pas mon esprit dans le bruit des fêtes et des chansons terrestres !

Sirènes ensorcelantes des sensations plaisantes, ne paralysez pas mes intuitions sacrées par votre toucher charmeur ! Laissez ma méditation poursuivre sa course vers le doux abri d'un amour divin éternel.

Senteurs envoûtantes des lilas, du jasmin et des

roses, n'interrompez pas mon esprit dans sa marche déterminée vers la douce demeure qui est la sienne !

Ces enchanteresses séduisantes que sont mes sens sont loin maintenant. Les liens avec la chair sont rompus. Les sens ont lâché prise. J'expire et calme d'un coup la tempête de la respiration ; les ondulations de pensée se dissolvent.

Je suis assis sur l'autel de mon cœur palpitant. J'observe le torrent grondant et rugissant de la force vitale qui traverse le cœur pour se jeter dans le corps. Je me retourne vers la colonne vertébrale. Le battement du cœur et le rugissement qui le traversait ont cessé. Cachée comme une rivière sacrée, ma force vitale coule dans la gorge de ma colonne vertébrale. Passant par la porte de l'œil spirituel, je pénètre dans un corridor faiblement éclairé et je file de plus en plus vite jusqu'à ce que la rivière de ma vie finisse par confluer avec l'océan de la Vie et par se perdre dans la béatitude.

L'immensité de Dieu, je l'ai entraperçue dans les cieux de ma quiétude. Sa joie, je l'ai goûtée aux

L'expansion de la conscience

fontaines de mon existence. Sa voix, je l'ai entendue dans ma conscience qui ne connaît pas de sommeil.

Je veux recevoir en toute conscience la lumière du Père omniprésent, laquelle me traverse continuellement.

Ô Père, brise les digues qui retiennent les petites vagues de ma vie afin que je puisse rejoindre l'océan de Ton immensité.

L'EXPANSION DANS L'ÉTERNITÉ

L'éternité baille devant moi, en bas, en haut, à gauche et à droite, en avant et en arrière, à l'intérieur et à l'extérieur de mon être.

Les yeux ouverts, je ne vois de moi qu'un petit corps. Les yeux fermés, je me perçois comme le centre cosmique autour duquel gravite la sphère de l'éternité, la sphère de la félicité, la sphère de l'espace vivant et omniscient.

Je ressens le Seigneur à la façon d'un doux zéphyr porteur de félicité, respirant dans mon corps composé d'univers. J'entraperçois Son éclat dans les vives éclaboussures de lumière comme dans les vagues de la conscience cosmique.

Je Le vois comme la lumière d'inspiration solaire, maintenant les luminaires de mes pensées dans les rythmes de leur équilibre.

Je Le perçois comme un éclat de voix qui, dans le temple des âmes de tous les hommes et de toute la création, dirige, guide et enseigne en secret.

Il est la fontaine de sagesse, la source radieuse d'inspiration dont le courant traverse toutes les âmes. Il est le parfum qui se dégage de l'encensoir de tous les cœurs. Il est le jardin des floraisons célestes et des fleurs chatoyantes de la pensée. C'est Lui l'amour qui inspire nos rêves d'amour.

Je Le sens se diffuser dans mon cœur comme dans tous les cœurs, traverser les pores de l'enveloppe terrestre, transpirer dans le ciel et dans toutes les choses créées. Il est le courant infini de la joie. Il est le miroir du silence dans lequel se reflète toute la création.

Mes expériences terrestres sont une manière de procéder pour venir à bout des restrictions illusoires de ma condition mortelle. En Dieu se réalisent même les rêves soi-disant les plus impossibles. («Et je lui donnerai l'étoile du matin.» Apocalypse 2, 28.)

Je suis immergé dans Ta lumière éternelle; elle imprègne la moindre particule de mon être. Je vis dans cette lumière. Esprit divin, je ne vois que Toi, en dedans et en dehors de moi.

Je fermerai les yeux de mon corps physique et chasserai toutes les tentations de la matière. Je scruterai l'obscurité du silence jusqu'à ce que mes yeux lassés de relativité ouvrent enfin leur regard intérieur sur mon œil unique de lumière. Quand mes deux yeux, qui voient à la fois le bien et le mal, cèderont à l'œil unique qui ne voit en toute chose que la divine bonté de Dieu, je me rendrai compte que mon corps, mon esprit et mon âme sont désormais remplis de Sa lumière omniprésente.

La réalité de ma vie est impérissable, car je suis conscience indestructible.

Tous les voiles de ma vie extérieure ignorante ont été brûlés par la lumière de mon éveil en Christ et je contemple l'intelligence divine de l'enfant Jésus reposant dans un berceau de pétales de roses, dans les dentelles des rayons de lumière et dans les pensées pleines d'amour de tous les cœurs sincères.

Je suis infini. Je suis hors de tout espace. Je suis infatigable. Je suis au-delà du corps, de la pensée, au-delà des mots, au-delà de toute matière et de tout entendement. Je suis la félicité sans fin.

L'océan de l'Esprit est devenu cette petite bulle qu'est mon âme. Qu'elle flotte à la naissance ou qu'elle disparaisse à la mort, dans l'océan de la conscience cosmique, la petite bulle de ma vie ne peut pas mourir. Je suis conscience indestructible, blottie au cœur de l'immortalité de l'Esprit.

Je ne suis plus cette vague de conscience qui se croyait séparée de l'océan de la conscience cosmique. Je suis l'océan de l'Esprit qui est devenu la vague de la vie humaine.

Telle une rivière souterraine invisible qui serpente en silence au-dessous du désert, la vaste rivière sans dimensions de l'Esprit coule à travers les sables du temps, à travers les sables de l'expérience, à travers les sables de toutes les âmes, à travers les sables de tous les atomes vivants, à travers les sables de l'espace tout entier.

Ô Père, Tu es la joie sacrée perpétuelle, Tu es la joie à laquelle j'aspire. Tu es la joie de l'âme. Apprends-moi à T'adorer à travers la joie qui naît de la méditation.

LE SON NOBLE ET SACRÉ DE L'AUM

Apprends-moi à entendre Ta voix, ô Père, la voix cosmique dont les ordres firent surgir toutes les vibrations. Manifeste-Toi en moi comme l'*Aum*, le chant cosmique englobant tous les sons.

Ô Saint-Esprit, vibration sacrée de l'*Aum*, élargis ma conscience tandis que je suis à l'écoute de Ton son omniprésent. Fais-moi ressentir que je suis à la fois l'océan cosmique et, en son sein, la petite vague vibrante d'un corps.

Ô son cosmique omniprésent de l'*Aum,* viens te réverbérer en moi, étire ma conscience depuis les limites de mon corps jusque à l'univers tout entier et apprends-moi à sentir en Toi la béatitude perpétuelle dont tout est pénétré.

Ô Énergie infinie, Sagesse infinie, recharge mon être de Ta vibration spirituelle.

Ô son cosmique de l'*Aum*, guide-moi, demeure en moi, conduis-moi de l'obscurité à la lumière.

JE M'ENVOLE POUR RETOURNER CHEZ MOI

Adieu la demeure d'azur du ciel. Adieu les étoiles, les célébrités célestes et les drames que vous jouez sur l'écran de l'espace. Adieu les fleurs, avec vos pièges de beauté et de parfum. Vous ne me retiendrez pas davantage, car je m'envole pour retourner à la Maison.

Adieu la chaleureuse étreinte du soleil. Adieu la brise rafraîchissante qui apaise et réconforte. Adieu la musique divertissante des hommes.

Longtemps, je suis resté à me réjouir en votre compagnie, dansant sous les costumes bariolés de mes pensées, buvant le vin de mes sentiments et de

L'expansion de la conscience

ma volonté séculière. Je renonce dorénavant à me laisser intoxiquer par l'illusion.

Je vous salue une dernière fois, les muscles, le squelette, les mouvements du corps. Adieu le souffle. Je te rejette loin de ma poitrine. Adieu les battements de cœur, les émotions, les pensées et les souvenirs. Je m'envole dans un avion fait de silence pour retourner chez moi. Je m'en vais à la Maison pour sentir battre mon cœur en Lui.

L'aéroplane de ma conscience prend de l'altitude et je vole en haut, en bas, à gauche, à droite, en-dedans, en-dehors, partout, pour constater dans chaque coin de mon chez-moi, l'espace, que j'ai toujours vécu dans la présence sacrée de mon Père.

JE SUIS EN TOUS LIEUX

Je vois à travers les yeux de tous. Je travaille avec toutes les mains. Je marche avec tous les pieds. Que leurs corps soient bruns, blancs, olivâtres, jaunes, rouges ou noirs, ces corps sont tous les miens.

Je pense à travers les esprits de tous. Je rêve à travers tous les rêves. Je sens à travers tous les sentiments. Miennes sont les floraisons d'allégresse qui s'épanouissent dans les allées de tous les cœurs.

Je suis le rire éternel. Mes sourires dansent sur tous les visages. Je suis la vague d'enthousiasme dans tous les cœurs qui sont au diapason avec Dieu.

Je suis le vent de la sagesse qui sèche les pleurs et les peines de toute l'humanité. Je suis la joie de vivre qui, sans se faire connaître, anime tous les êtres.

Père céleste, apprends-moi à trouver en Toi la liberté afin que je puisse savoir que rien sur terre ne m'appartient, que tout n'appartient qu'à Toi. Apprends-moi à savoir que ma demeure, c'est Ton omniprésence.

Ô Silence cosmique, j'entends Ta voix dans le murmure des ruisseaux, le chant du rossignol, le son des conques marines, le ressac des vagues de l'océan et dans le doux bourdonnement des vibrations.

Dieu bien-aimé, je T'adore, non plus avec des

mots, mais avec la flamme de l'amour qui brûle en mon cœur.

Apprends-moi à contempler Ton immensité, Ton immutabilité inhérente à toute chose afin que je puisse me sentir comme faisant partie de Ton Être immuable.

Ô puissant Océan, je prie pour que les rivières de mes désirs et leurs méandres, serpentant à travers bien des déserts de difficultés, finissent par se jeter dans Tes eaux et ne faire plus qu'un avec Toi.

J'embraserai tout l'espace et, invulnérable à la brûlure comme à la mort, je m'élancerai en son sein pour le parcourir. Je plongerai dans son infinitude sans jamais en atteindre la fin. Filant à toute allure, je répandrai mes éclats de rire dans tout ce qui existe, dans tout ce qui bouge et dans le vide dénué de tout mouvement.

Éveille-moi, Ô Père céleste, afin que je puisse m'échapper de la tombe de la chair, où je suis confiné, pour devenir conscient de mon corps cosmique.

Méditations métaphysiques

Ô Amour immortel, unis mon amour avec Ton amour, unis ma vie avec Ta joie et mon esprit avec Ta conscience cosmique.

Fais-moi contempler rien que la beauté, rien que le bien, rien que la vérité, rien que la fontaine immortelle de Ta béatitude.

Dans l'immensité de la création, Ô Mère divine, j'entends partout le rythme de Tes pas qui dansent, tantôt avec ardeur dans le tonnerre des orages, tantôt avec douceur dans le chant des atomes.

EXPLICATION DE L'« AUM » ET DE LA « CONSCIENCE CHRISTIQUE »

Dans *Autobiographie d'un Yogi*, Paramahansa Yogananda, citant Jean 14, 26, écrit : « *Le Consolateur, le Saint-Esprit, que le Père enverra en mon nom, vous enseignera toutes choses et vous rappellera tout ce que je vous ai dit.* Ces paroles bibliques font référence à la triple nature de Dieu en tant que Père, Fils et Saint-Esprit (*Sat*, *Tat* et *Aum* des Écritures hindoues).

L'expansion de la conscience

« Dieu le Père est l'Absolu, le Non-Manifesté qui existe *au-delà* de la création vibratoire. Dieu le Fils est la Conscience christique qui existe *dans* la création vibratoire. Cette Conscience christique est "le Fils unique", c'est-à-dire le seul reflet de l'Infini incréé.

« L'*Aum (Om)*, le Verbe ou Saint-Esprit, est la manifestation extérieure de la Conscience christique omniprésente, son "témoin" (Apocalypse 3, 14). C'est l'invisible pouvoir divin, le seul auteur, la seule force causale et activatrice qui, par sa vibration, soutient toute la création. L'*Aum*, le Consolateur bienheureux, s'entend dans la méditation et révèle au fidèle la Vérité fondamentale inscrite au fond de sa mémoire : … *et vous rappellera tout ce que je vous ai dit.* »

POUR TROUVER DIEU

COMMENT ÉLARGIR LES ONDES DE LA PAIX

Concentrez toute votre attention entre les sourcils sur le lac sans rivages de votre paix intérieure. Observez les ondes de paix qui se propagent autour de vous en des cercles éternels. Plus vous les observerez avec attention, plus vous sentirez les vaguelettes de paix se répandre des sourcils à tout votre front, du front à votre cœur et du cœur à toutes les cellules de votre corps. Maintenant, les eaux de paix submergent les rives de votre corps et inondent le vaste territoire de votre esprit. Puis ce flot de paix dépasse les frontières de votre esprit et se répand dans toutes les directions à l'infini.

Aide-moi, ô Seigneur, à me battre avec le glaive de la paix pour surmonter ces rudes escarmouches que sont mes épreuves.

Je suis le prince de la paix perpétuelle, jouant sur la scène de l'expérience dans un drame fait de rêves tristes et joyeux.

LA PAIX

La paix coule en mon cœur et son souffle me traverse comme un doux zéphyr.
La paix emplit mon être à la façon d'un parfum.
La paix brille à travers moi comme autant de rayons.
La paix poignarde au cœur le bruit et les soucis.
La paix brûle et consume mes inquiétudes.
La paix, telle un globe de feu, s'élargit jusqu'à remplir mon omniprésence.
La paix, telle un océan, déferle dans tout l'espace.
La paix, telle le sang rouge, revitalise les veines de mes pensées.
La paix, telle une auréole illimitée, dessine des cercles autour de mon corps d'infinité.
Les flammes de la paix traversent les pores de ma chair et se propagent dans tout l'espace.
Les senteurs parfumées de la paix inondent les jardins en fleurs.
Le vin de la paix coule en permanence du pressoir de chaque cœur.

La paix est la respiration des pierres, des
　　étoiles et des sages.
La paix est l'ambroisie de l'Esprit que déverse
　　le fût du silence
Et que, par les innombrables petites bouches de
　　mes atomes, je bois à longs traits.

MÉDITATION SUR LE SILENCE

Mon silence, pareil à une sphère en expansion, se répand partout.

Mon silence, comme une chanson à la radio, se diffuse en haut, en bas, à gauche, à droite, à l'intérieur et à l'extérieur.

Mon silence propage sa félicité à la façon d'un feu de forêt, consumant dans sa fournaise à la fois les sombres fourrés de l'affliction et les hautes futaies de l'orgueil.

Mon silence, comme l'éther, traverse tout ce qui existe, emportant le chant de la terre, des atomes et des étoiles vers les espaces immenses de Sa résidence infinie.

Méditations métaphysiques

Ne tolère pas que je m'intoxique avec la drogue de la nervosité. Puissé-je toujours ressentir que dans les battements de mon cœur règne la paix divine.

J'emplirai mon cœur avec la paix de la méditation. Puis je verserai tout le contenu de mon cœur débordant de joie dans chaque âme assoiffée de paix.

Tous ceux qui sont parvenus au faîte de la connaissance spirituelle, comme Jésus, Babaji, Lahiri Mahasaya, Sri Yukteswar, Swami Shankara ou d'autres maîtres, sont des manifestations de notre Père unique : Dieu. Je suis heureux à la pensée que mon ambition spirituelle, celle de prendre conscience de mon unité avec Dieu, a déjà été atteinte par tous ces grands maîtres.

Chaque jour je méditerai plus profondément que la veille. Demain, je méditerai plus profondément qu'aujourd'hui. Et je prends la décision de passer la plus grande partie de mes heures de loisir à méditer.

Ô Seigneur, grâce au toucher fin et précis de

Pour trouver Dieu

mon intuition, je règlerai correctement la radio de mon âme sur Ta longueur d'onde, éliminant les interférences causées par mon agitation mentale, afin de pouvoir entendre Ta voix, vibration cosmique, musique des atomes et mélodie d'amour vibrant dans ma surconscience.

Aujourd'hui, ô Père, je Te chercherai comme la félicité qui ne cesse de s'intensifier dans la méditation. Je Te sentirai comme la joie sans bornes qui bondit dans mon cœur. En Te trouvant, je trouverai, à travers Toi, toutes ces choses que je désire tellement.

Apprends-moi à trouver Ta présence sur l'autel de ma paix continuelle et dans la joie qui émane de la méditation profonde.

Bénis-moi afin que je puisse Te trouver dans le temple de chaque pensée et de chaque action. En Te trouvant en moi-même, je Te trouverai en dehors de moi, dans tous les êtres et dans toutes les situations.

Apprends-moi à percevoir que c'est Ton sourire qui se dessine dans l'aurore naissante, qui joue sur les lèvres des roses et qui fait rayonner de noblesse les visages de bien des hommes et des femmes.

LA PRÉSENCE FLAMBOYANTE DE DIEU

Loin de moi la façon, vaine et ridicule, de prier comme un perroquet! Je prierai intensément jusqu'à ce que la pénombre de ma méditation soit illuminée par le flamboiement de Ta présence.

Père céleste, je ne peux pas attendre jusqu'à demain pour entendre Ton chant. Aujourd'hui encore, je diffuserai dans l'éther l'appel de mon âme avec une concentration d'amour telle que Tu ne pourras faire autrement que de me répondre à travers ce récepteur puissant qu'est mon silence.

Ô Esprit! Toi, toujours existant, toujours conscient, Toi la félicité toujours nouvelle, enlève de mon esprit le poids de l'indifférence et de l'oubli! Puissé-je ainsi savourer le nectar de Ta présence à jamais bénie.

Au fur et à mesure qu'un silence de plus en plus profond s'installe en moi et en dehors de moi, Ta paix envahit mon être. J'aurai toujours l'oreille tendue afin de percevoir l'écho de Tes pas.

Lorsque je Te vis dans la joie extrême d'une méditation des plus profondes, je sais que toutes choses – prospérité, santé, sagesse – me seront données par surcroît.

Apprends-moi, tel un pêcheur, à Te trouver et Te capturer dans les profondeurs océaniques de mon âme.

POUR TROUVER DIEU DANS LA JOIE

Chaque fois qu'une vague de joie surgit dans l'océan invisible de votre conscience, peu importe ce qui la cause, prenez-en soin. Ne cessez d'amplifier cette petite bulle de gaîté. Méditez sur elle et elle s'élargira. Ne vous souciez pas des freins à votre joie, continuez simplement à rendre expansible cette petite sphère, à l'étendre, encore et encore, indéfiniment. Nourrissez-là du souffle de votre concentration intérieure pour la gonfler de joie, jusqu'à ce que votre bulle englobe la totalité de l'océan infini de votre conscience. Continuez à souffler dans cette bulle de joie jusqu'à ce qu'elle fasse voler en éclats ses propres limites et devienne l'océan même de la joie.

Dans les sons de la viole et de la flûte ainsi que dans les sonorités graves de l'orgue, j'entends la voix de Dieu.

Dire que c'est dans mon âme que réside la joie que mon ego recherche tant ! Je prends conscience, tout d'un coup, de Sa félicité, ce miel caché dans les rayons d'une ruche de silence. Rompant le silence et le secret de cette ruche, j'absorberai le miel d'une béatitude perpétuelle.

MON BIEN-AIMÉ M'APPELLE

Avec les fleurs, avec les cieux resplendissants, avec la joie, cette manne divine dispensée par tous les esprits heureux, avec les âmes pleines de sagesse, avec le chant des oiseaux, avec les divines mélodies venant du cœur des hommes, mon Bien-Aimé m'appelle à retourner sur mes pas et à retrouver Sa demeure de paix, ma patrie intérieure.

Je chercherai le royaume de Dieu dans la joie qui monte de la méditation constante, prolongée, profonde et répétée. Je chercherai consciencieusement à trouver l'Éternel en mon for intérieur et ne m'avouerai pas satisfait par les petites inspirations imaginaires qui traversent l'agitation des moments de silence trop brefs. Je méditerai de plus en plus profondément jusqu'à ce que je ressente Sa présence.

En prenant conscience de Dieu, je récupérerai ma condition d'enfant de Dieu. Sans rien demander ni mendier, je recevrai alors toute prospérité, santé et sagesse.

Ô Toi le Parfum de tous les cœurs et de toutes les roses, qu'importe si des malheurs me poursuivent et si des jours de détresse franchissent le seuil de ma vie pour me mettre à l'épreuve ! Pourvu que Tes bénédictions me fassent comprendre les erreurs qui me maintenaient loin de Toi !

Méditations métaphysiques

Protecteur de tout et de tous, peu m'importe si tout le reste m'est ravi par le cours du destin que je me suis forgé : je Te demande une seule chose, ô Toi mon Tout, c'est de me conserver mon amour pour Toi, tel un grand cierge sacré.

Ô Omniprésence glorieuse, ne permet pas que le feu de Ton souvenir s'éteigne sous les bourrasques de l'oubli qui surgissent des tornades de mon matérialisme.

Par la méditation, je ferai cesser la tempête de la respiration, de l'agitation mentale et des distractions des sens qui fait rage sur le lac de mon esprit. Par la prière et la méditation, j'attellerai ma volonté et mes actes au but véritable.

MON TRÔNE OMNIPRÉSENT

Je suis descendu de mon trône d'amour omniprésent, situé au sein de l'espace et au cœur des lumières scintillantes, pour trouver une place confortable dans le cœur de l'homme. J'y suis resté fort longtemps, exilé de mon immense, immense demeure.

J'étais partout. Puis je suis allé me cacher dans de petites places. Je sors maintenant de ces places cachées. J'ouvre les portes des limitations humaines de famille, de caste, de couleur et de croyance. Je cours et vole partout pour retrouver ma conscience d'omniprésence.

Par la transparence de ma méditation la plus profonde, je me rendrai réceptif à la lumière qui me traverse, celle du Père omniprésent.

Dès l'instant où mon esprit sera agité ou troublé, je me retirerai en silence dans la méditation jusqu'à ce que le calme me revienne. Je commencerai chaque jour par me concentrer et par méditer sur l'Être suprême.

MÉDITATIONS SUR LE CHRIST

Je suivrai les bergers de la foi, de la dévotion et de la méditation. Ces bergers, guidés par l'étoile de la sagesse de l'âme, me conduiront jusqu'au Christ.

Je contemplerai le « Fils unique », le seul reflet de Dieu le Père transcendantal, né dans le sein de la matière vibratoire finie en tant qu'Intelligence christique. Il est le bon berger qui conduit toute la création à une finalité d'intelligence divine.

Je briserai les chaînes de l'agitation mentale et j'augmenterai de façon illimitée le pouvoir de ma méditation jusqu'à ce que la Conscience christique universelle puisse se manifester entièrement à travers moi.

Bénis-moi, Père, pour que l'œil unique de la connaissance spirituelle me conduise à contempler, à travers tous les voiles de la matière, la présence infinie du Christ.

JE MÉDITERAI

Dieu bien-aimé, comme il m'est impossible de prendre aucun engagement terrestre sans faire usage des pouvoirs que j'ai reçus de Toi, je veux renoncer à tout ce qui pourrait interférer avec mon engagement quotidien de méditer sur Toi.

Aujourd'hui, peu importe la fatigue que je crois ressentir, je méditerai. Pendant que je m'appliquerai à méditer, je ne me permettrai pas d'être victime des bruits qui distraient l'attention. Je transporterai ma conscience vers le monde intérieur.

Passant par le portail de la méditation, j'entrerai dans le temple de Dieu où réside la paix éternelle. J'adorerai l'Éternel devant l'autel d'un contentement toujours nouveau. Pour illuminer Son temple intérieur, j'y allumerai le feu du bonheur.

Je méditerai régulièrement afin que la lumière de la foi puisse m'introduire dans le royaume immortel de mon Père céleste.

Mère divine, j'écarterai le voile étoilé du ciel bleu nuit, j'arracherai le couvert de l'espace, je dissoudrai le tapis magique des pensées et je fermerai les yeux aux films divertissants de la vie afin que je puisse Te voir.

Je sais qu'il est possible de parvenir à la pleine connaissance de Dieu par la méditation, grâce à la perception intuitive, mais non pas si l'esprit est constamment en mouvement.

Méditations métaphysiques

Je veux ouvrir mes yeux aux joies de la méditation ; je verrai alors toute obscurité s'en aller.

Je me baignerai dans la pièce d'eau sacrée de l'amour de Dieu, cachée derrière les remparts de la méditation.

Grâce à la méditation, je perfectionnerai mon environnement intérieur pour le rendre insensible à toutes les influences adverses venant de l'extérieur.

Je débuterai chaque jour par une méditation sur l'Être suprême.

Dans le temple du silence, je découvre Ton autel de paix. Sur cet autel de paix, je trouve Ta joie incessante.

Laisse-moi écouter Ta voix, ô Dieu, dans la grotte de la méditation. Je trouverai à l'intérieur de moi un bonheur céleste et perpétuel. La paix régnera alors dans mon cœur, que je sois au fond du silence ou au beau milieu de mes activités.

Chaque étoile des cieux, chaque pensée pure,

chaque bonne action sera une fenêtre par laquelle je pourrai Te contempler.

Dans un état de concentration extrême et de piété infinie, guidez votre conscience dans la traversée de l'œil spirituel et faites-la passer dans l'Infinitude. Libérez votre âme de la prison du corps pour qu'elle puisse s'immerger dans le vaste océan de l'Esprit.

SUR LES PRÉOCCUPATIONS D'ORDRE MATÉRIEL

NE PERDEZ JAMAIS L'ESPOIR

Si vous avez perdu l'espoir de trouver un jour le bonheur, reprenez courage. Ne perdez jamais espoir. Du fait que votre âme est le reflet de l'Esprit, lequel est toujours dans la joie, elle est, par essence, le bonheur en soi.

Ne pas se servir de sa concentration équivaut à garder les yeux fermés. Vous ne pourrez pas voir que le soleil du bonheur rayonne dans votre poitrine. Mais même si vous persistez à garder fermés les yeux de votre attention, les rayons du bonheur essaieront toujours de percer les portes closes de votre esprit. Ouvrez donc les fenêtres du calme et vous verrez la joyeuse lumière du soleil entrer à flot dans la demeure de votre être, de votre Soi.

Ces joyeux rayons en votre âme peuvent être perçus dès lors que votre attention s'intériorise. Vous pouvez acquérir ces perceptions en exerçant votre esprit à apprécier le magnifique paysage de vos pensées dans le royaume invisible, intangible qui se trouve en-dedans de vous. Ne cherchez pas votre seul bonheur dans de beaux habits, des maisons impeccables, des repas délicieux, des coussins moelleux et des objets de luxe. Toutes ces choses emprisonneront votre bonheur derrière les barreaux de l'apparence et de l'extériorité. Envolez-vous plutôt dans l'avion de votre faculté de visualisation et planez souverainement sur l'empire illimité de la pensée. Contemplez d'en-haut ces puissantes chaînes de montagne que sont vos aspirations spirituelles, nobles et indéfectibles, en vue de vous améliorer vous-même et d'améliorer les autres.

Planez dans les airs au-dessus des vallées profondes de la compassion universelle. Survolez les geysers de l'enthousiasme, les chutes du Niagara de la sagesse intemporelle et plongez entre les versants escarpés de ces roches sans âge qui, de tout temps, ont miroité la paix de votre âme. Puis, élevez-vous et suivez le cours de la rivière sans fin de votre perception intuitive qui vous conduira vers le royaume de Son omniprésence.

Là, dans Sa demeure de félicité, buvez à Sa fontaine qui murmure Sa sagesse pour étanchez la soif de votre désir. Dans la salle des banquets de l'éternité, soyez de Ses convives et goûtez les fruits de l'amour divin. Si vous avez pris la résolution de trouver la joie en vous-même, tôt ou tard vous la trouverez. Cherchez-la maintenant, jour après jour, en votre for intérieur, en approfondissant vos méditations avec constance. Faites un effort véritable

Sur les préoccupations d'ordre matériel

pour aller à l'intérieur de vous-même et vous y trouverez ce bonheur que vous désirez tant.

LA LUMIÈRE DES SOURIRES

(À méditer, à approfondir et à pratiquer tous les jours)

J'embraserai ces allumettes illuminant un visage que sont les sourires. Le voile sombre de ma tristesse s'écartera. À la lumière de mes sourires, je verrai mon âme émerger de derrière l'obscurité accumulée au cours des âges. Quand je me serai trouvé, je m'empresserai de traverser tous les cœurs, en portant haut le flambeau des sourires émanant de mon âme. Mon cœur sera le premier à sourire, suivi de près de mes yeux et de mon visage. Puis, toutes les parties de mon corps rayonneront de la lumière de mes sourires.

Parcourant les taillis où les cœurs affligés sont allés se fourrer, je dégagerai ceux-ci et ferai un feu de joie de toutes leurs tristesses. Je suis le feu irrésistible des sourires. Je m'attiserai à la brise de la joie divine et, traversant l'obscurité de tous les esprits, j'ouvrirai par mes flammes un sentier de lumière. Mes sourires transmettront Ses sourires et quiconque me croisera pourra capter une bouffée parfumée de ma joie divine. J'aurai toujours sur moi, odorantes et purifiantes, des torches de sourires pour tous les cœurs.

J'aiderai à sourire ceux qui pleurent, en souriant moi-même d'abord, et même si c'est parfois difficile.

Dans les éclats de joie de tous les cœurs, je perçois l'écho de Ta joie divine. Dans l'amitié de tous les cœurs sincères, je découvre Ton amitié. Je me réjouis autant de la prospérité de mes frères que de la mienne. En aidant les autres à cultiver la sagesse, je développe ma propre sagesse. Dans le bonheur de tous les êtres, je trouve mon propre bonheur.

Rien ne pourra ternir mes sourires. Ni les échecs, ni le spectre de la mort, ni celui de la maladie ne pourront m'intimider. Les catastrophes ne pourront pas vraiment me toucher, car au fond de mon âme je possède, immuable et pourtant toujours nouvelle, la joie invincible de Dieu.

Sur les préoccupations d'ordre matériel

Ô Rire silencieux de Dieu, viens trôner sous le dais de mon expression et sourire à travers mon âme.

Puisque ma fortune c'est la joie, j'ambitionnerai d'être un multimillionnaire, puisant ma richesse dans la monnaie qui est celle de Ton royaume : l'inépuisable félicité. En elle, je pourrai satisfaire en même temps mon besoin de prospérité spirituelle et mon besoin de prospérité matérielle.

JE RÉPANDRAI LA JOIE DIVINE

Dès le point du jour, je répandrai des rayons de joie sur tous ceux que je rencontrerai. Je serai un rayon de soleil moral pour tous ceux qui croiseront mon chemin. Je brûlerai autant de chandelles de sourires que nécessaire chez ceux qui ignorent ce qu'est la joie. Et devant la luminosité persistante de ma bonne humeur, les ténèbres ne pourront faire autrement que de s'enfuir.

Que mon amour éclaire de son rire de gaîté tous les cœurs et tous les êtres humains, de toutes les races. Que mon amour s'attarde dans le cœur des fleurs, dans le cœur des animaux et jusque dans le cœur des petits grains de poussière d'étoiles.

En toutes circonstances, j'essayerai d'être heureux. En cet instant précis, je décide d'être heureux en moi-même, ici et maintenant, à l'endroit où je me trouve aujourd'hui.

Que mon âme sourie à travers mon cœur et que mon cœur sourie à travers mon regard afin que je puisse distribuer avec largesse Tes généreux sourires à tous les attristés.

Dans ma vie, je verrai toujours l'image parfaite de Dieu, resplendissante de santé, de sagesse et de félicité.

LA LUMIÈRE DIVINE DE GUÉRISON

Ta lumière parfaite est présente dans toutes les parties de mon corps. Partout où cette lumière curative est manifeste, règne la perfection. Je me sens bien, car la perfection règne en moi.

Ta lumière de guérison n'a cessé de briller en

Sur les préoccupations d'ordre matériel

dedans de moi et tout autour de moi. Hélas, comme j'obligeais mes perceptions intérieures à garder leurs paupières closes, je ne remarquais pas Ta lumière, ni son pouvoir de transmutation.

Plongeant le regard de ma foi par la fenêtre de mon œil spirituel, je baptiserai mon corps en l'immergeant dans la lumière de guérison de la Conscience christique.

Père céleste, apprends-moi à me souvenir de Toi dans la pauvreté ou la prospérité, dans la maladie ou la santé, dans l'ignorance ou la sagesse. Enseigne-moi à ouvrir mes yeux, fermés par l'incrédulité, et à voir dans mon corps Ta lumière qui guérit instantanément.

POUR OBTENIR SANTÉ ET VITALITÉ

Aujourd'hui, je chercherai la vitalité de Dieu dans le soleil, en baignant mon corps dans sa lumière afin d'apprécier ce don de Dieu que sont les rayons ultraviolets avec leur pouvoir de vivifier le corps et de détruire les maladies.

Méditations métaphysiques

Père céleste, les cellules de chair de mon corps sont faites de lumière ; ces cellules physiques sont faites de Ta substance. Elles sont Esprit, car Tu es Esprit ; elles sont immortelles, car Tu es la Vie.

Tu es la perfection de la santé, la lumière qui chasse l'obscurité de la maladie des plus petits recoins de mon corps physique. Ta lumière de guérison brille dans toutes les cellules de mon corps. Elles se portent parfaitement bien, car Ta perfection réside en elles.

Je reconnais que ma maladie est le résultat de ma transgression des lois de la santé. Je réparerai donc le mal en veillant à une alimentation adéquate, en prenant suffisamment d'exercice et en cultivant une saine façon de penser.

Dans la foi envers mon Père, je vois les ombres de la maladie s'effacer devant la lumière, maintenant et pour toujours. Je me rends parfaitement compte que Sa lumière existe en permanence. Je ne peux être terrassé par cette obscurité, que j'ai d'ailleurs créée moi-même, sauf si, de mon propre chef, je voile le regard de ma sagesse.

Sur les préoccupations d'ordre matériel

Père, aide-moi afin que je puisse facilement, de façon naturelle et spontanée, former l'habitude de manger correctement. Puissé-je ne jamais devenir victime de la gourmandise et me faire du tort à moi-même.

Père céleste, remplis mon corps avec Ta vitalité, remplis mon esprit avec Ton pouvoir spirituel ; remplis mon âme avec Ta joie, Ton immortalité.

Père céleste, fais couler dans mes veines Tes rayons invisibles qui me fortifient et me rendent infatigable.

L'œil-qui-voit-tout est derrière mes yeux. Ceux-ci vont bien, car, à travers eux, Tu es celui qui voit.

JE NE SUIS PAS LE CORPS

Dieu bien-aimé, je sais que je ne suis pas le corps, ni le sang, ni l'énergie, ni les pensées, ni le mental, ni l'ego, ni le moi astral. Je suis l'âme immortelle qui les illumine tous et qui demeure inchangeable en dépit de tous leurs changements.

Jeunesse éternelle du corps et de l'esprit, demeure en moi pour toujours et à jamais !

Pour mon énergie, je dépendrai de plus en plus de l'approvisionnement illimité provenant de la source interne de conscience cosmique et de moins en moins des sources externes d'énergie physique.

Ô Père, Ton pouvoir curatif illimité, qui peut tout guérir, réside en moi. Manifeste Ta lumière à travers mon obscure ignorance.

Ô Esprit, apprends-moi à guérir mon corps en me servant de Ton énergie cosmique pour le recharger, comme aussi à guérir mon esprit par la concentration et par le pouvoir du sourire.

POUR ENVOYER DES PENSÉES D'AMOUR AUX AUTRES

Calmez les mouvements de vos yeux en fixant votre regard sur le point situé entre les sourcils. Puis plongez, faites passer votre conscience à travers l'étoile sacrée de la méditation[1]. Continuez d'en-

---

[1] « Dans la méditation profonde, l'œil unique ou œil spirituel (évoqué dans

Sur les préoccupations d'ordre matériel

voyer des pensées d'amour à ceux qui vous sont chers en ce monde comme aussi à ceux qui vous ont devancé dans l'au-delà et qui portent des robes de lumière.

Il n'y a pas d'espace entre les esprits et les âmes, bien que leurs véhicules physiques puissent être très éloignés. En pensée, ceux qui nous sont chers sont vraiment toujours proches.

Diffusez constamment ce message : « Je suis heureux du bonheur de ceux que j'aime, qu'ils soient sur terre ou dans l'immensité de l'au-delà. »

Je chercherai d'abord le royaume de Dieu et m'assurerai de rétablir dans les faits ma véritable unité avec Lui. Ensuite, si telle est Sa volonté, toutes choses me seront ajoutées – sagesse, abondance et santé – comme faisant partie de mon divin droit de naissance, puisqu'Il m'a fait à Son image.

---

les Écritures sous différentes dénominations comme le troisième œil, l'étoile d'orient, etc.) devient visible au niveau de la partie centrale du front. La volonté, projetée à partir de ce point, est l'appareil-radio *émetteur* de la pensée. Le pouvoir des sentiments, la force émotionnelle de l'être humain, concentrée avec calme sur le cœur, fonctionne comme une radio mentale, un appareil *récepteur* captant les messages d'autres personnes, proches ou lointaines. » *Autobiographie d'un Yogi.*

Méditations métaphysiques

Père, j'ai été comme le fils prodigue. Après avoir quitté Ta maison de tous les pouvoirs, me voilà de retour, après bien des errances, dans Ta maison de la connaissance de Soi. Je veux faire miennes les bonnes choses que Tu possèdes, car elles m'appartiennent toutes. Je suis Ton enfant.

Je suis une image de l'Esprit suprême. Mon Père possède tout. Mon Père et moi nous sommes un. Ayant le Père, j'ai tout. Je possède tout ce qu'Il possède.

Père céleste, je comprends maintenant que toutes les poursuites de la vie matérielle, même si elles sont couronnées de succès, n'offrent que des joies passagères. C'est dans l'unité avec Toi que je trouverai la corne d'abondance de la félicité perpétuelle.

L'AMITIÉ ET LE SERVICE

Dans les cœurs réceptifs, je m'établirai en ami inconnu, toujours prêt à réveiller leurs sentiments sacrés, et je les exhorterai silencieusement, par le biais de la noblesse innée de leur pensée, à

Sur les préoccupations d'ordre matériel

s'arracher à leur somnolence terrestre. Dans l'abri intérieur du silence, à la lumière de la sagesse, je danserai avec toutes leurs joies.

Je verrai que celui qui se considère maintenant comme mon ennemi est véritablement mon frère divin, se cachant simplement derrière un voile d'incompréhension. Je lacérerai ce voile avec une dague d'amour de sorte que, devant mon humble attitude, pleine de compréhension et de pardon, il ne méprisera plus mes propositions de bonne volonté.

La porte de mon amitié sera toujours grande ouverte, autant pour mes frères qui me haïssent que pour ceux qui m'aiment.

J'aurai pour les autres tous les bons sentiments que j'ai pour moi-même. Je travaillerai à mon propre salut en servant mon prochain.

Je sais que si j'offre mon amitié à tous, comme l'a fait le Christ, je commencerai à ressentir l'amour cosmique, qui est Dieu. L'amitié humaine est l'écho de l'amitié de Dieu. La plus grande preuve que Jésus-Christ ait donnée fut de répondre à la haine par l'amour. Répondre à la haine par la haine est chose facile, mais donner de l'amour en réponse à la haine est autrement plus difficile et infiniment plus noble. Aussi, dans le feu de mon amour en marche, pareil à un incendie qui progresse en grondant, je brûlerai toutes les haines.

Je prendrai le meilleur de chaque personne. Admirant les qualités de toutes les nationalités, je ne tiendrai pas compte de leurs faiblesses.

Aujourd'hui, je vais briser les limites trop étroites de l'amour de moi-même comme aussi de l'amour réservé aux membres de ma famille et me faire un cœur assez grand pour qu'il ait de la place pour tous les enfants de Dieu. Observant la manière dont mon Père céleste réside dans le temple de l'affection naturelle, j'allumerai un feu d'amour universel. Je rendrai purs tous mes besoins d'affection et je les satisferai en me hissant au niveau de l'amour sacré de Dieu.

JE SERAI UTILE À TOUS

Ô généreux Donateur de la félicité constante ! Je vais m'efforcer de rendre les autres vraiment

Sur les préoccupations d'ordre matériel

heureux, par reconnaissance pour cette joie divine que Tu m'as donnée. Grâce à mon bonheur spirituel, je serai utile à tous.

Aujourd'hui, je vais pardonner à tous ceux qui m'ont offensé. J'accorde mon amour à tous les cœurs assoiffés, autant à ceux qui m'aiment qu'à ceux qui ne m'aiment pas.

Je serai un pêcheur d'âmes. J'attraperai, dans un filet tissé de ma sagesse, l'ignorance des autres et je l'offrirai au Dieu de tous les dieux pour qu'Il la transmue.

Je rayonnerai d'amour et de bon vouloir pour les autres afin d'ouvrir le canal permettant à l'amour de Dieu de descendre sur tous.

Je sais que je ne fais qu'un avec la lumière de Ta bonté. Puissé-je devenir un phare pour ceux qui sont ballottés sur la mer de la tristesse !

Je suis un modeste serviteur, prêt à servir tous les êtres dans le besoin en leur offrant mes conseils en toute simplicité, en leur proposant ces vérités dotées d'un souverain pouvoir de guérison et un peu de cette humble sagesse que j'ai pu recueillir dans le temple du silence. Ma plus grande ambition est d'établir en chaque personne que je rencontre un temple de silence pour son âme.

LA PROSPÉRITÉ DIVINE

Le roi de l'univers, c'est mon Père. Je suis le prince héritier de Son royaume avec tout son pouvoir, sa richesse et sa sagesse.

Hélas, tombé dans l'amnésie, me tenant pour un mortel et pour un mendiant, j'ai manqué de revendiquer les droits qui sont les miens par naissance divine.

Ô Père, je demande la prospérité, la santé et la sagesse sans bornes, provenant non pas de sources humaines, mais de Tes mains toutes-puissantes, si bonnes et si généreuses.

Je ne serai pas un mendiant se bornant à quémander de la prospérité matérielle, de la santé physique et des connaissances terrestres. Je suis Ton enfant et, en tant que tel, je demande à recevoir, de Tes richesses sans fin, la part illimitée qui est celle d'un fils de Dieu.

Sur les préoccupations d'ordre matériel

Père, fais-moi ressentir que je suis Ton enfant. Arrache-moi à la mendicité ! Fais que toutes les bonnes choses, y compris la santé, la prospérité et la sagesse, me viennent spontanément, sans qu'il dépende de moi de les rechercher.

Seigneur, apprends-moi à me souvenir des années passées où j'ai joui d'une bonne santé et à cultiver la reconnaissance.

Je dépenserai de moins en moins d'argent, non pas en avare, mais comme une personne qui sait se dominer. Je dépenserai moins afin de pouvoir épargner davantage et assurer, grâce à ces économies, ma sécurité matérielle et celle de ma famille. De plus, je ferai preuve de libéralité en venant en aide à mon prochain lorsqu'il est dans le besoin.

La terre et toutes ses richesses, le royaume cosmique et toutes ses planètes T'appartiennent, mon divin Père. Or, je suis Ton enfant. Donc, je possède, moi aussi, tout ce qui existe, *au même titre que Toi.*

Père, apprends-moi à inclure la prospérité des autres dans la recherche de ma propre prospérité.

L'ÊTRE UNIQUE PRÉSENT EN TOUS

Je verrai l'Invisible sous la forme visible de mon père, de ma mère et de mes amis, envoyés ici-bas pour m'aimer et pour m'aider. En les aimant tous, je montrerai mon amour pour Dieu. Dans leurs expressions d'affection humaine, mon regard saura distinguer l'unicité du Seul Amour divin.

Je me prosterne devant le Christ dans le temple sacré que représente chacun de mes frères humains, dans le temple de tout ce qui vit.

Ô Père, apprends-moi à ressentir que Tu es la force derrière toutes les richesses et la valeur intrinsèque de toutes les choses. Si je Te trouve Toi d'abord, je trouverai tout le reste en Toi.

Partout où les gens apprécieront mes efforts

Sur les préoccupations d'ordre matériel

pour faire le bien, je saurai que c'est là l'endroit où je puis être de la plus grande utilité.

Ô Seigneur de la Loi, puisque le cours des choses est entièrement dirigé, de façon directe ou indirecte, par Ta volonté, je veux, par le pouvoir de la méditation, attirer consciemment Ta présence dans mon esprit, afin de résoudre les problèmes que la vie me cause.

Dieu, c'est la paix. Abandonnez-vous à cette paix infinie qui habite en vous-mêmes. Dieu est la joie inépuisable de la méditation. Abandonnez-vous à ce grand amour qui réside en vous-mêmes.

Ô Être unique et infini, dans toutes mes joies et dans la flamboyante lumière de mon amour pour Toi, montre-moi éternellement Ton visage rayonnant.

Apprends-moi à reconnaître que c'est Toi la force qui me maintient en bonne santé, me rend prospère et me fait rechercher Ta vérité.

Je suis une étincelle provenant de l'Infini. Je ne suis ni la chair, ni les os. Je suis lumière.

Méditations métaphysiques

En aidant les autres à réussir, je trouverai ma propre réussite. Dans le bonheur des autres, je trouverai mon propre bonheur.

POUR SE PERFECTIONNER

MÉDITATION SUR LES RAYONS DE LUNE

La nuit, ouvrez votre esprit aux rayons de la lune. Lavez vos chagrins dans le clair de lune. Sentez cette lumière mystique se répandre sans bruit sur votre corps, sur les arbres et sur les vastes étendues d'une campagne silencieuse. Debout dans un espace ouvert, les yeux parfaitement tranquilles, regardez, au-delà du paysage éclairé par les rayons de lune, la ligne de lumière floue de l'horizon. Par des efforts de concentration répétée, comme autant de battements d'ailes, élevez-vous au-dessus du visible, au-dessus de cet horizon et des contours environnants. En état de méditation, franchissez les confins du monde visible et passez de l'autre côté, dans les paysages imaginaires.

Ayant laissé derrière vous les objets visibles sous le clair de lune, allez en expansion de conscience vers les étoiles pâles et distantes qui clignotent sous d'autres cieux, perdues dans le silence éternel de l'éther et qui, toutes, palpitent de vie. Regardez, depuis l'espace, la lumière de la lune se répandre non seulement sur un côté de la terre, mais partout dans les régions éternelles de votre vaste conscience. Méditez jusqu'à ce que, dans le rayonnement doux et frais de votre calme de lune, vous puissiez parcourir avec une sensation de vitesse des cieux ouverts à l'infini et contempler de manière effective l'univers sous forme de Lumière.

POUR ATTEINDRE LA LIBERTÉ

Pourquoi ligoter l'âme infinie à un poteau d'os et de chair ? Affranchissez-vous ! Coupez les liens de la conscience charnelle, de l'attachement au corps, à la faim, au plaisir, à la douleur et à toutes leurs implications physiques et mentales. Relaxez-vous. Desserrez l'étreinte du corps qui pèse sur votre âme. Ne permettez pas à son souffle lourd et haletant de vous rappeler les contraintes du corps physique. Restez assis et immobile dans un silence où la respiration est absente, vous attendant à chaque instant à faire le saut vers la liberté, vers l'Infini. Cessez d'aimer votre prison terrestre.

Muni du couteau du silence au fin tranchant d'immobilité, libérez votre esprit de votre corps. Séparez votre conscience et éloignez-la du corps. N'utilisez plus ce corps comme prétexte pour accepter des limitations. Détournez votre conscience de l'emprise de ce paquet d'os et de chair. Hâtez-vous de mettre de la distance entre le corps et vous

Pour se perfectionner

et filez à toute vitesse à travers d'autres esprits, d'autres cœurs et d'autres âmes. Comme un commutateur, allumez la lumière partout où vous passez, dans toutes les vies. Sentez que vous êtes la Vie en soi, qui brille dans toute la création.

L'ACTIVITÉ CRÉATRICE

J'emploierai ma capacité de penser de manière créative pour m'assurer le succès dans toute entreprise valable. Dieu m'aidera si j'essaie aussi de m'aider moi-même.

J'ai enterré dans les cimetières du passé mes déceptions éteintes. Aujourd'hui, je labourerai le jardin de ma vie avec le soc d'un nouvel effort créateur. J'y sèmerai des semences de sagesse, de santé, de prospérité et de bonheur. Je les arroserai de foi et de confiance en soi, et j'attendrai que l'Être divin m'accorde, le moment venu, ma juste moisson.

Si je ne récolte aucune moisson, je serai néanmoins reconnaissant pour la satisfaction d'avoir fait de mon mieux. Je remercierai Dieu de me permettre de recommencer autant de fois que nécessaire jusqu'à ce que je réussisse effectivement avec

Son aide. Quand j'aurai réussi à satisfaire le désir légitime de mon cœur, je Le remercierai.

Pour plaire à Dieu, je vais essayer d'accomplir des actes toujours nobles et dans le sens de mon devoir.

Je suis le capitaine de mon navire fait de bon jugement, de bonne volonté et de bonnes actions. Je guiderai le vaisseau de ma vie en regardant toujours l'étoile polaire de Sa paix qui brille au firmament de ma profonde méditation.

Je serai calmement actif et activement calme. Je me garderai bien de succomber à la paresse ou de me calcifier mentalement. Je ne verserai pas non plus dans l'hyperactivité en me montrant capable de gagner de l'argent mais incapable de jouir de la vie. Je méditerai régulièrement pour maintenir un véritable équilibre intérieur.

Aujourd'hui, j'ouvrirai la porte de mon calme intérieur et laisserai le Silence pénétrer à pas feutrés dans le temple de toutes mes activités. J'accomplirai

Pour se perfectionner

tous mes devoirs avec sérénité, dans un délicieux sentiment de paix.

En travaillant et en exerçant mes pouvoirs de créativité, je n'oublierai pas que c'est Toi, en fait, qui travailles et qui crées à travers moi.

TRAVAILLER POUR DIEU

Je me doterai d'une divine et profonde concentration, par la grâce de Dieu, et je me servirai de son pouvoir illimité pour satisfaire toutes les exigences de ma vie.

Je ferai tout avec une profonde attention : mon travail à la maison, au bureau ou dans le monde. Ainsi, toutes mes tâches, grandes ou petites, seront bien accomplies.

Depuis le trône de mes pensées silencieuses, le Dieu de la paix dirige aujourd'hui mes actions.

Quel que soit mon travail, je m'y mettrai après être entré en contact avec Dieu, par la méditation, sachant qu'Il est avec moi, me guidant et me donnant le pouvoir de mener à bien ce que je m'efforce de faire.

Dans la mesure de mes capacités, j'emploierai mon argent à rendre ma grande famille mondiale meilleure et plus heureuse.

POUR SURMONTER LA PEUR ET LES SOUCIS

Dieu est en moi, autour de moi et me protège ; je bannirai donc les ténèbres de la peur, parce que celle-ci occulte Sa lumière et me fait trébucher pour que je tombe dans les fossés de l'erreur.

J'emprunterai un pan du doux voile de paix de ma Mère divine pour essuyer de mon esprit mes craintes de la maladie, de la tristesse et de l'ignorance, qui ne sont qu'un rêve de réalité.

Montre-moi comment être courageux, dans la prudence et la ténacité, au lieu de céder trop souvent à la frayeur.

Je suis protégé derrière les murailles crénelées

de ma bonne conscience. Mon passé, je l'ai brûlé. Je ne suis intéressé que par ce qui se passe aujourd'hui.

Je n'aurai peur de rien, sauf de moi-même et de mes tentatives de leurrer ma propre conscience.

Aujourd'hui, je brûlerai les fagots de la peur et des soucis et j'allumerai la flamme du bonheur pour illuminer le sanctuaire de Dieu qui se trouve en moi.

Père, montre-moi comment éviter de me torturer moi-même ainsi que les autres avec le feu destructeur de la jalousie. Apprends-moi à être satisfait de la mesure de bonté et d'amitié que je mérite et que je reçois de la part de ceux qui me sont chers. Apprends-moi à ne pas me plaindre de ce que je ne puis recevoir. Apprends-moi à employer l'amour au lieu de la jalousie pour éveiller chez les autres le désir de me donner ce qu'ils me doivent.

Tout comme le soleil répand ses rayons de lumière vitale, je répandrai des rayons d'espoir dans le cœur des pauvres et des oubliés et je ranimerai la

Méditations métaphysiques

lumière et la force dans le cœur de ceux qui pensent avoir échoué dans la vie.

Je rechercherai la sécurité divine avant tout et tout le temps, sachant toujours au fond de moi que Dieu est mon plus grand Ami et Protecteur.

Esprit céleste, bénis-moi afin que je puisse facilement trouver le bonheur au lieu de me faire des soucis à la moindre épreuve et devant tout obstacle.

POUR MAÎTRISER LA COLÈRE

Je prends la résolution de ne jamais plus exprimer la colère sur mon visage. Je n'injecterai pas le poison de la colère dans le cœur de ma paix, tuant ainsi ma vie spirituelle.

Je ne serai en colère que contre la colère elle-même et contre rien de plus. Je ne peux pas être en colère envers quiconque, parce que, bons ou méchants, ce sont tous là mes divins frères, descendants d'un même Père divin.

J'apaiserai le courroux des autres en donnant le bon exemple par mon calme, tout particulièrement

Pour se perfectionner

quand je verrai l'un de mes frères en proie à la colère, voire ivre de colère.

Apprends-moi à ne pas allumer la colère, car sa tempête destructrice dévasterait l'oasis verdoyante de paix aménagée en moi et dans les autres. Apprends-moi, au contraire, à éteindre la colère par des torrents d'amitié et d'amour redoublés.

Père céleste, ordonne à mon lac de gentillesse de ne jamais se laisser troubler par la tempête de la colère qui veut nous dépouiller de tout.

SUR LA CRITIQUE ET LES MALENTENDUS

Je ne perdrai pas mon temps à parler des fautes des autres. Si je me surprends à prendre du plaisir à critiquer les autres, je parlerai d'abord de mes propres fautes, et à haute voix, devant les autres.

Je ne critiquerai personne, à moins qu'il ne me soit demandé de le faire et, dans ce cas, mû par la seule intention d'apporter mon aide.

J'essayerai de faire plaisir à tout le monde par des actions imbues de gentillesse et de considération, en m'efforçant de toujours dissiper les malentendus que j'aurais pu causer, consciemment ou inconsciemment.

Je tiendrai toujours bien haut et bien allumé le flambeau de ma constante gentillesse pour guider et soutenir le cœur de ceux qui ne me comprennent pas.

J'essuierai mes larmes de tristesse, estimant qu'il est sans importance pour Toi que je joue un rôle important ou un rôle effacé, pour autant que je le joue bien.

Je chercherai Dieu d'abord ; tous mes désirs seront alors exaucés. Que je vive dans un palais somptueux ou dans une hutte misérable, cela ne fera aucune différence.

J'emploierai mon argent, honnêtement gagné, pour vivre simplement, en bannissant le luxe.

Je prends la décision que personne ne pourra me provoquer en m'insultant par ses paroles ou par ses actions, ni m'influencer par ses éloges pour me

Pour se perfectionner

faire croire que je serais mieux que je ne suis en réalité.

Je resterai de marbre, qu'on me jette des critiques cruelles et mensongères ou qu'on me lance des fleurs. Mon seul désir, cher Père céleste, c'est de faire Ta volonté et de Te plaire.

Je dirai la vérité, mais j'éviterai toujours de dire des vérités déplaisantes ou nuisibles. Je ne ferai aucune critique qui ne soit pas motivée par la bienveillance.

Je répandrai la lumière de ma bonne volonté partout où il faut dissiper l'obscurité de la mésentente.

SUR L'HUMILITÉ ET SUR L'ORGUEIL

Tous mes pouvoirs, je n'ai fait que de Te les emprunter. Personne n'est plus grand que Toi, ô mon Père ! Si Ta sagesse et Ta force se retiraient de moi, je cesserais de vivre et de m'exprimer. Tu es si grand et je suis si petit.

Apprends-moi à ne pas être orgueilleux. Tu es à la fois le Précepteur et le Guru qui enseigne dans le temple de toutes les âmes. Je me prosterne devant Toi, aux pieds de tous.

Je vaincrai l'orgueil par l'humilité, la colère par l'amour, l'excitation par le calme, l'égoïsme par la générosité, le mal par le bien, l'ignorance par la connaissance et la nervosité par cette paix ineffable que je puise dans l'immobilité de mon silence intérieur.

Je serai fier d'être humble. Je me sentirai honoré quand je serai fustigé parce que je travaille pour l'œuvre de Dieu. Je me réjouirai de chaque occasion de rendre l'amour en retour de la haine.

SUR LES PLAISIRS DU MONDE

Le feu ardent de la sagesse est en train de brûler et j'en alimente la flamme. Fini les soucis ! De mes plaisirs passagers et de mes aspirations temporaires, j'ai fait des fagots dont je me sers pour nourrir le feu éternel de la connaissance. Et dans ses flammes voraces, je jette également tout le bois de mes désirs

Pour se perfectionner

que j'avais tendrement mis de côté dans l'idée d'en fabriquer le mobilier de mes plaisirs.

Ah, voilà mes mille et une ambitions qui crépitent joyeusement dans le brasier au contact de la flamme divine ! Mon ancienne demeure, construite de passions, de possessions, d'incarnations, des nombreux royaumes de mon imagination et de maints châteaux en Espagne, se consume dans ce grand feu allumé de ma propre main.

Je contemple cette flambée, non pas avec tristesse mais avec joie, car ce feu a brûlé non seulement ma demeure de matière, mais aussi tous les édifices, hantés de tristesse, de mon imagination. Je suis heureux d'un bonheur de roi et même au-delà.

Je suis le roi de moi-même et non un roi imaginaire, esclave de ses possessions. Je ne possède rien, et pourtant, je suis le souverain de mon impérissable royaume de paix. Je ne suis plus un esclave alimentant ses craintes de perdre quelque chose. Je n'ai rien à perdre. Je suis assis sur un trône de satisfaction permanente. Je suis un vrai roi.

POUR SURMONTER LA TENTATION

Apprends-moi, ô Esprit divin, à faire la différence

entre le bonheur durable de mon âme et les plaisirs éphémères de mes sens.

Apprends-moi à ne pas me laisser accaparer par les plaisirs passagers des sens. Apprends-moi à discipliner mes sens afin qu'ils puissent me rendre vraiment heureux. Apprends-moi à substituer à la tentation de la chair la fascination supérieure du bonheur de l'âme.

Je ris de toutes les peurs, car mon Dieu bien-aimé, qui est à la fois mon Père et ma Mère, me couve de son regard aimant et attentif partout où je vais, bien décidé à me protéger contre les tentations du mal.

Ô éternel Conquérant ! Apprends-moi à développer de nobles qualités, à entraîner mes soldats du calme et de l'autodiscipline. Sois leur divin Stratège dans la bataille contre les ennemis des ténèbres comme la colère, l'ingratitude et le mensonge. Puissé-je bientôt faire flotter au-dessus du royaume de ma vie l'étendard de Ton invincible droiture.

Mon Père, éduque les enfants de mes sens pour qu'ils ne s'éloignent jamais de Ton foyer. Oriente

Pour se perfectionner

mon regard vers Ta beauté qui ne peut lasser ; entraîne mes oreilles à écouter Ton chant intérieur.

Mère divine, apprends-moi à être si attaché à Toi que je ne puisse jamais plus être lié par les plaisirs matériels. Apprends-moi par Ton amour à vaincre tout désir de mener une vie mondaine.

Enseignant divin, discipline mes sens rebelles et imprudents ; spiritualise leurs plaisirs afin qu'ils ne se fassent pas prendre au mirage scintillant des formes visibles, mais sachent toujours trouver au-delà de celles-ci, les joies ineffables de la divine simplicité.

POUR DÉVELOPPER LA VOLONTÉ

Aujourd'hui, je prends la décision de réussir dans tout ce que je vais faire. La force de ma volonté est un atout formidable dans tous les domaines. Elle peut mettre en mouvement des cascades sans fin d'énergie cosmique.

Ô Énergie éternelle, veuille m'aider à prendre

conscience de ma volonté, conscience de ma vitalité, conscience de ma santé et conscience de Toi !

Apprends-moi, ô Esprit divin, à coopérer avec Ta volonté jusqu'à ce que toutes mes pensées soient conformes à Tes plans harmonieux.

J'ai en moi la force cachée pour surmonter tous les obstacles et toutes les tentations. Je veux mettre en mouvement ce pouvoir et cette énergie indomptables.

Seigneur invincible, apprends-moi à persévérer dans la volonté pour accomplir mes bonnes actions, jusqu'à ce que la petite lumière de ma volonté brûle aussi fort que la flamme cosmique impressionnante de Ta volonté toute-puissante.

Père bien-aimé, je sais qu'avec beaucoup de volonté, je pourrai surmonter la maladie, les échecs et l'ignorance, mais la vibration de ma volonté doit être plus forte que la vibration de mes maladies, physiques ou mentales. Plus une maladie est chronique, plus je dois être fort, constant et inébranlable dans ma détermination, dans ma foi et dans mes efforts de volonté.

Pour se perfectionner

Aujourd'hui, je vais cultiver l'initiative. L'homme d'initiative crée quelque chose à partir de rien ; il rend possible l'impossible grâce au grand pouvoir d'invention de l'Esprit.

Père céleste, veuille m'aider à fortifier ma volonté. Apprends-moi à ne plus être esclave des habitudes. Guide-moi afin que je me développe spirituellement par la discipline tant intérieure qu'extérieure.

Je mettrai mon libre-arbitre au diapason de la volonté infinie de Dieu et mon seul désir sera de faire la volonté de Celui qui m'a placé ici-bas.

LA SAGESSE ET LA COMPRÉHENSION

Puisque Ton image de perfection est ineffaçable en moi, apprends-moi à effacer les tâches superficielles de l'ignorance pour que je puisse reconnaître que Toi et moi nous sommes un et que nous avons toujours été un.

Que toutes les pensées démoniaques et bruyantes s'en aillent, afin que mon âme étourdie parvienne à entendre Ton chant qui chuchote dans le silence et qui seul peut la guider.

Je verrai la sagesse à travers l'ignorance, la joie à travers la tristesse et la santé à travers la faiblesse : car je sais que la seule réalité existante est la perfection de Dieu.

Je suis un enfant immortel de Dieu, vivant pour un petit laps de temps dans le caravansérail[1] de ce corps. Je suis ici pour observer, dans une attitude de bonheur inaltérable, le ballet changeant des tragédies et des comédies de cette vie-ci.

Puisque Dieu m'a donné tout ce dont j'avais besoin, je ferai d'abord Sa connaissance et je suivrai ensuite Ses conseils pour ne désirer et ne faire que ce qu'Il veut.

Étant doté du libre-arbitre, je suis réellement un fils de Dieu. J'ai rêvé que j'étais un être mortel. Je suis maintenant éveillé. Le rêve que mon âme était

---

[1] Le caravansérail ou l'auberge, où les caravanes orientales font halte au cours de leurs déplacements, symbolise ici les lieux de passage de l'âme dans ses voyages d'une incarnation à une autre.

en prison dans une cage corporelle s'est évanoui. Je suis tout ce qu'est mon Père céleste.

Tous les matins, je réveillerai ce juge qu'est mon introspection impartiale et lui demanderai de m'assigner devant le tribunal de ma conscience. Je chargerai le procureur général, mon discernement, de poursuivre pour leurs méfaits les voyous qui me dérobent la paix prospère de mon âme.

Je bâtirai des résidences de sagesse dans le parc toujours verdoyant de ma paix, resplendissant de magnifiques parterres, fleuris par les qualités de mon âme.

Je m'efforcerai, d'abord et avant tout, d'acquérir, pour moi-même et pour tous les autres, la richesse de la présence de Dieu.

Dieu le Père transcendantal, Dieu la Conscience christique immanente, Dieu la sainte Force vibratoire créatrice, accordez-moi la sagesse de reconnaître la vérité ! Et, par mes efforts personnels ainsi que par la connaissance de la loi, aidez-moi à progresser sur l'échelle d'or de la réalisation afin que j'atteigne finalement le sommet lumineux de la

Méditations métaphysiques

réussite suprême en étant digne de me présenter, face à face, à l'Esprit unique et absolu.

Les uns après les autres, les projectiles de mon désir passionné de Toi démoliront les remparts de l'illusion cosmique. À coup de missiles de sagesse, tirés par les redoutables canons de ma détermination, je viendrai à bout de la forteresse de mon ignorance.

Cher Père, quelles que soient les conditions auxquelles je me heurte, je sais qu'elles représentent la prochaine étape de mon épanouissement. J'accueillerai toutes les épreuves, parce que je sais qu'en moi se trouve l'intelligence pour les comprendre et le pouvoir pour les surmonter.

Je suis un prince de paix, assis sur le trône de la sérénité, dirigeant le royaume de mes activités.

Au lieu de laisser vagabonder mes pensées, je mettrai à profit mes moments de loisir en pensant à Toi.

Père divin, je ferai aujourd'hui l'effort de comprendre à quel point il est important pour moi de

Pour se perfectionner

faire usage de ma volonté avec sagesse et en toutes circonstances.

Je me mettrai en parfaite harmonie avec Ta volonté et Ta sagesse au lieu de laisser mes habitudes guider ma volonté.

Je cultiverai la tranquillité de l'esprit, sachant que Dieu est toujours avec moi. Je suis Esprit!

MÉDITATIONS DE NOËL

MÉDITATION POUR LA VEILLE DE NOËL

Les yeux dirigés vers le haut, concentrez-vous sur votre monde intérieur. Contemplez l'étoile astrale de la sagesse divine et laissez vos pensées inspirées suivre cette étoile télescopique afin d'y apercevoir le Christ en tout.

Dans ce pays du Noël éternel, où la Conscience christique réside, joyeuse et omniprésente, vous trouverez Jésus, Krishna, les saints de toutes les religions, les grands gurus-précepteurs, attendant de vous offrir une divine réception florale et un bonheur éternel.

Préparez-vous à la venue du Christ, le divin enfant, en décorant l'arbre de Noël qui se trouve en vous. Autour de cet arbre sacré, déposez des cadeaux de calme, de pardon, de noblesse, de service, de bonté, de dévotion, de compréhension spirituelle, chacun enveloppé dans le papier doré de votre bonne volonté et noué du ruban argenté de votre pure sincérité.

Puisse le Seigneur, au matin de Noël de votre éveil spirituel, ouvrir les splendides présents des offrandes de votre cœur, scellés de vos larmes de joie et noués des rubans de votre fidélité éternelle envers Lui.

Il n'accepte en guise de présents, que les qualités sacrées de l'âme. Son acceptation vous vaudra en retour Son plus grand cadeau, à savoir rien de moins que Lui-même. En se donnant Lui-même, Il rendra votre cœur suffisamment vaste pour pouvoir Le contenir. Votre cœur battra alors avec tout ce qui existe, au rythme de l'énergie christique.

En votre esprit, en votre âme et dans chaque atome vivant, célébrez cette festivité : c'est la naissance du Christ.

Par la méditation quotidienne, vous préparerez le berceau de votre conscience à recevoir le divin enfant, le Christ infini. Chaque jour deviendra alors un véritable Noël de communion divine.

En recevant Dieu complètement dans ma conscience sacrée, élargie grâce à la méditation, je deviendrai un fils de Dieu, tout comme Jésus l'était.

VŒU DE NOËL

Je me préparerai pour la venue du Christ, le divin enfant omniprésent, en nettoyant le berceau de ma conscience de la rouille de l'égoïsme, de l'indifférence et de l'attachement aux sens. J'utiliserai pour ce faire, chaque jour, la pâte à polir de la méditation profonde et quotidienne sur Dieu, de l'introspection et du discernement. Je donnerai à ce berceau un nouveau lustre, grâce aux radieuses qualités de l'âme : l'amour fraternel, l'humilité, la foi, le désir de connaître Dieu, le pouvoir de volonté, le contrôle de soi, la renonciation et la générosité, afin que je puisse célébrer comme il se doit la naissance du divin Enfant.

MÉDITATION POUR LE MATIN DE NOËL

Durant la période de Noël, célébrez la naissance du Christ dans le berceau de votre conscience. Ressentez en votre cœur Sa vaste perception de la Nature, de l'espace et de l'amour universel.

Franchissez les barrières des castes sociales, des couleurs, des races, des préjugés religieux et du manque d'harmonie afin d'agrandir suffisamment le berceau de votre cœur et de pouvoir contenir, à l'intérieur de vous, l'amour du Christ pour toute la création.

Le matin de tous ces Noël de votre perception intérieure, préparez vos jolis petits paquets remplis de qualités divines et envoyez-les aux âmes bien-aimées, réunies autour de l'arbre de Noël de votre éveil [1] intérieur, pour célébrer Sa naissance dans la compréhension, la vérité et la félicité.

Pendant les joyeuses fêtes de Noël de votre éveil intérieur, c'est en célébrant la naissance de la Conscience christique, omnisciente et omniprésente, que vous trouverez le bonheur ininterrompu qui hante vos rêves.

Que la Conscience christique [2] omnisciente vienne une seconde fois sur terre et puisse naître en vous, comme elle s'était manifestée dans la conscience de Jésus !

---

[1] C'est-à-dire, la colonne vertébrale avec ses six *chakras* ou centres de lumière et d'énergie vitale.
[2] En sanscrit, *Kutastha Chaitanya*, la conscience béatifique, à jamais immuable, présente dans toute la création. La conscience de l'Esprit est immanente dans chaque atome du corps vibratoire de la création.

LA TRANSFIGURATION DU CHRIST

Le Christ a toujours résidé en moi. Traversant ma conscience, Il a prêché à toutes mes pensées turbulentes et hypocrites. Avec la baguette magique de l'intuition née de la méditation, Il a calmé les tempêtes sur l'océan de ma vie et de bien d'autres vies. J'étais mentalement aveugle et ma volonté était faible, mais j'ai été guéri par l'éveil du Christ en moi.

Le Christ marchait sur les eaux agitées de mon esprit. Pourtant, le Judas de mon agitation et de mon ignorance, trompé par le Satan de l'appât des sens, vint à trahir en moi la paix du Christ, la joie du Christ, et il crucifia l'Être divin sur la croix de l'oubli.

Le Christ ordonna à ma sagesse défunte de sortir de ses vêtements de pénitence et d'illusion, et ressuscita ma sagesse, lui donnant une nouvelle vie.

À la fin, tous ces disciples – la volonté, la foi, l'intuition, la pureté, l'espoir, la méditation, les désirs élevés, les bonnes habitudes, la maîtrise de soi, la maîtrise des sens, la piété, la sagesse – obéirent aux commandements du Christ qui apparut sur la haute montagne de ma méditation.

Méditations métaphysiques

Ô Christ vivant, présent dans le corps de Jésus et en chacun d'entre nous, manifeste-Toi dans l'essence de Ta gloire, dans la force de Ta lumière et dans la puissance de Ta parfaite sagesse.

MÉDITATION DE NOËL

Toutes mes pensées décorent l'arbre de Noël de la méditation avec les présents peu communs issus de la piété, scellés d'or par des prières venues du cœur, demandant que le Christ veuille bien venir et recevoir mes humbles présents.

Je me joindrai en pensée aux prières d'adoration qui montent dans toutes les mosquées, dans toutes les églises et dans tous les temples ; et je percevrai, sous forme de paix, la naissance de la Conscience christique universelle sur l'autel de tous les cœurs remplis de dévotion.

Ô Christ, puissent tous les cœurs ressentir la naissance de Ton amour, autant à Noël que tous les autres jours de l'année.

Ô Christ, bénis Tes enfants afin qu'ils coopèrent

intérieurement avec Tes lois. Et fais-nous comprendre que Tu es le meilleur refuge contre le mal.

Apprends-nous, ô Christ, à avoir pour notre Père la même dévotion que Tu as pour Lui.

Après m'avoir attendu pendant de nombreuses incarnations, le Christ est né de nouveau en moi. Toutes les barrières de mon petit esprit ont été abolies pour que le Christ, le divin enfant, puisse s'éveiller dans le giron de ma conscience.

La Conscience christique en moi est le berger qui conduit mes pensées agitées vers ma demeure de paix divine.

Ô Seigneur ! Agrandis suffisamment mon cœur pour qu'il puisse Te contenir et battre en harmonie avec la Conscience christique qui est en toutes choses. Alors seulement pourrai-je célébrer la fête de Ta naissance dans mon esprit, dans mon âme et ne ferai-je plus qu'un avec la pulsation de chaque atome de la création.

SUR L'AUTEUR

Paramahansa Yogananda (1893-1952) est considéré de par le monde comme l'une des plus éminentes figures spirituelles de notre époque. Né dans le Nord de l'Inde, il vint aux États-Unis en 1920 et y enseigna pendant plus de trente ans la science ancestrale de la méditation et l'art de vivre une vie spirituelle équilibrée. Par la célèbre *Autobiographie d'un Yogi*, qui relate l'histoire de sa vie, ainsi que par ses autres nombreux livres, il introduisit des millions de lecteurs aux vérités intemporelles qui sous-tendent les traditions religieuses de l'Orient et de l'Occident.

En 1920, Paramahansa Yogananda fonda la Self-Realization Fellowship (connue en Inde sous le nom de «Yogoda Satsanga Society of India») afin de mettre à la disposition du public les enseignements qu'il avait apportés en Occident. Parmi les buts et les idéaux qu'il envisageait pour sa société, il faut citer les suivants : répandre les techniques scientifiques permettant de parvenir à l'expérience personnelle et directe de Dieu, exposer les principes fondamentaux et les vérités qui constituent le dénominateur commun de toutes les vraies religions et promouvoir ainsi un esprit d'harmonie supérieure parmi les peuples et les nations du monde.

Par les enseignements pratiques de son «Art de vivre», Paramahansa Yogananda chercha à donner aux gens de toutes races et de toutes croyances les moyens de se libérer des disharmonies physiques, mentales et spirituelles, afin de réaliser et d'exprimer pleinement dans leurs vies la beauté, la noblesse et la véritable divinité de l'être humain. Son œuvre mondiale se poursuit aujourd'hui sous la conduite de l'une de ses plus proches disciples, Sri Mrinalini Mata, présidente de la Self-Realization Fellowship.

PARAMAHANSA YOGANANDA : UN YOGI DANS LA VIE ET DANS LA MORT

Paramahansa Yogananda entra en *mahasamadhi* (état où le yogi quitte consciemment et définitivement son corps physique) à Los Angeles en Californie, le 7 mars 1952, à l'issue du discours qu'il prononça lors d'un banquet donné en l'honneur de M. Binay R. Sen, ambassadeur de l'Inde.

Ce grand enseignant de l'humanité démontra ainsi la valeur du yoga (ensemble de techniques scientifiques utilisées pour atteindre la réalisation de Dieu) non seulement dans sa vie, mais aussi dans sa mort. Plusieurs semaines après son décès, son visage inchangé resplendissait de la lumière divine de l'incorruptibilité.

M. Harry T. Rowe, directeur de Forest Lawn Memorial-Park, le cimetière de Los Angeles où le corps du grand yogi repose temporairement, envoya à la Self-Realization Fellowship une lettre notariée dont est tiré ce qui suit :

« L'absence de tout signe visible de décomposition du corps de Paramahansa Yogananda offre le cas le plus extraordinaire qu'il nous ait été donné d'observer... Même vingt jours après son décès, son corps ne présentait aucune détérioration physique… Aucune trace d'altération n'était visible sur sa peau, aucune dessiccation (déshydratation) ne s'était produite dans les tissus de son corps. Cet état de parfaite conservation d'un corps est, pour autant que nous le sachions, unique dans les annales mortuaires… Lorsque le corps de Yogananda est arrivé au dépôt mortuaire de Forest Lawn, notre personnel s'attendait à voir, par la vitre du cercueil, les signes habituels de décomposition progressive du corps. Notre étonnement grandissait au fur et à mesure que les jours passaient sans que nous puissions observer le moindre changement visible de son corps. Selon toute apparence, le corps de Yogananda présentait un cas phénoménal d'immuabilité…

« Aucune odeur de décomposition n'a jamais émané, à aucun moment, de son corps… L'apparence physique de Yogananda à la date du 27 mars, juste avant que le couvercle de bronze du cercueil ne soit mis en place, était la même que celle qu'il avait le 7 mars. Le 27 mars, son aspect était aussi frais et inaltéré qu'au soir de son décès. Le 27 mars, rien ne permettait de dire que son corps aurait souffert la moindre décomposition physique apparente. Pour ces raisons, nous répétons que le cas de Paramahansa Yogananda est un cas unique dans toute notre expérience. »

PUBLICATIONS DE LA SELF-REALIZATION FELLOWSHIP DES ENSEIGNEMENTS DE PARAMAHANSA YOGANANDA

Disponibles en librairie ou directement auprès de l'éditeur :

Self-Realization Fellowship
3880 San Rafael Avenue • Los Angeles, CA 90065-3219, U.S.A.
Tél. +1(323) 225-2471 • Fax +1(323) 225-5088
www.yogananda-srf.org

TRADUITS EN FRANÇAIS

Autobiographie d'un Yogi
À la Source de la Lumière
Affirmations scientifiques de guérison
Ainsi parlait Paramahansa Yogananda
Comment converser avec Dieu
La loi du succès
La paix intérieure
La Science de la Religion
Pourquoi Dieu permet le mal et comment le surmonter
Vivre en vainqueur
Vivre sans peur
La Science sacrée de Swami Sri Yukteswar
Rien que l'Amour de Sri Daya Mata
Relation entre Gourou et Disciple de Sri Mrinalini Mata

LIVRES EN ANGLAIS

The Second Coming of Christ: *The Resurrection of the Christ Within You*
Un commentaire révélé des Évangiles sur l'enseignement original de Jésus.

God Talks with Arjuna: The Bhagavad Gita
Une nouvelle traduction de la Bhagavad Gita et un nouveau commentaire.

Man's Eternal Quest
Volume I des conférences et propos informels de Paramahansa Yogananda.

The Divine Romance
Volume II des conférences, propos informels et essais de Paramahansa Yogananda.

Journey to Self-realization
Volume III des conférences et propos informels de Paramahansa Yogananda.

Wine of the Mystic: *The Rubaiyat of Omar Khayyam - A Spiritual Interpretation*
Un commentaire inspiré qui nous fait découvrir la science mystique de communion avec Dieu, dissimulée derrière les images énigmatiques des *Rubaiyat*.

Whispers from Eternity
Un recueil de prières de Paramahansa Yogananda et de ses expériences divines dans des états élevés de méditation.

The Yoga of the Bhagavad Gita: *An Introduction to India's Universal Science of God-Realization*

The Yoga of Jesus: *Understanding the Hidden Teachings of the Gospels*

In the Sanctuary of the Soul: *A Guide to Effective Prayer*

Songs of the Soul
Poésie mystique de Paramahansa Yogananda.

Cosmic Chants
Paroles et musiques de 60 chants de dévotion avec une introduction expliquant comment le chant spirituel peut conduire à la communion divine.

ENREGISTREMENTS AUDIO DE PARAMAHANSA YOGANANDA

Beholding the One in All
The Great Light of God
Songs of My Heart
To Make Heaven on Earth
Removing All Sorrow and Suffering
Follow the Path of Christ, Krishna, and the Masters
Awake in the Cosmic Dream
Be a Smile Millionaire
One Life Versus Reincarnation
In the Glory of the Spirit
Self-Realization: The Inner and the Outer Path

AUTRES PUBLICATIONS DE LA SELF-REALIZATION FELLOWSHIP

Le catalogue complet des livres et des enregistrements audio et vidéo de la Self-Realization Fellowship est disponible sur demande.

Finding the Joy Within You: Personal Counsel for God-Centered Living de Sri Daya Mata

God Alone: The Life and Letters of a Saint de Sri Gyanamata

"Mejda": The Family and the Early Life of Paramahansa Yogananda de Sananda Lal Ghosh

Self-Realization (magazine trimestriel fondé par Paramahansa Yogananda en 1925)

LES LEÇONS DE LA SELF-REALIZATION FELLOWSHIP

Les techniques scientifiques de méditation enseignées par Paramahansa Yogananda, y compris le Kriya Yoga – tout comme ses instructions sur les différents aspects d'une vie spirituelle équilibrée – sont exposées dans les *Leçons de la Self-Realization Fellowship*. Pour de plus amples renseignements, vous pouvez recevoir gratuitement sur simple demande notre brochure d'introduction en français *Qu'est-ce que la Self-Realization Fellowship ?* ou la brochure *Undreamed-of Possibilities* disponible en anglais, en espagnol et en allemand.

TABLE DES MATIÈRES

PRIÈRE POUR UN MONDE UNI   *vi*

AVANT-PROPOS   *vii*

SI VOUS VOULEZ SA RÉPONSE (*Poème*)   *x*

DÉVOTION ET ADORATION   *3*

MÉDITATIONS SUR DIEU   *19*

L'EXPANSION DE LA CONSCIENCE   *35*

POUR TROUVER DIEU   *53*

SUR LES PRÉOCCUPATIONS D'ORDRE MATÉRIEL
71

POUR SE PERFECTIONNER   *93*

MÉDITATIONS DE NOËL   *117*

www.ingramcontent.com/pod-product-compliance
Lightning Source LLC
Chambersburg PA
CBHW020006050426
42450CB00005B/331